Judy Pope Koteen

La Dernière Valse des tyrans

La Prophétie

L'édition originale de cet ouvrage a été réalisée en 1989 par Judi
Pope Koteen, sous le titre :

THE LAST WALTZ OF THE TYRANTS
The Prophecy

© 1989 by Beyond Words Publishing, Inc., in association with
Private Thoughts, inc.,

Éditeurs de la version française :

In Der Tat Verlag	Louise Courteau, éditrice inc.
Post Fach 1	7433, rue Saint-Denis
8927 Burggen	Montréal, Québec, Canada
Allemagne de l'ouest	H2R 2E5

Typographie : TAPAL'OEIL

Traduit de l'américain par In Der Tat Verlag et Laurent Bégin

Premier tirage, décembre 1990
Deuxième tirage, février 1991
Troisième tirage, août 1991

Dépôt légal : quatrième trimestre 1990
Library of Congress, Washington, D.C.

ISBN : 3-9802507 1-7 (In Der Tat Verlag)
ISBN : 2-89239-123-7 (Louise Courteau, éditrice inc.)

TABLE

Avant-propos   5

PREMIÈRE PARTIE :
UNE FENÊTRE OUVERTE
SUR LA COMPRÉHENSION   7

Une ombre s'étire sur le monde   17
L'ombre grandit   35
Leur soif de pouvoir n'a pas de limite   49
La nature — Le déséquilibre   67
La nature — Les changements   77
Il faudra du courage et de la grâce   87
L'ensemble est affecté par l'individu   101

DEUXIÈME PARTIE :
LA VALSE CONTINUE   119

La connaissance éclairée concerne la vie   127
Le retour aux sources   135
Les inconditionnels de Dieu   145
Vous n'êtes jamais vraiment seul   155
P.S.   167
Toast, prières et manifestations   170

Avant-propos

En 1977, Ramtha est apparu à J.Z. Knight à l'entrée de sa cuisine, dans sa maison de Tacoma, petite ville portuaire située dans l'État de Washington aux États-Unis. Depuis cette date, plus rien ne fut pareil.

Ramtha est un mystère. Il se décrit comme tel. Et, sans aucun doute, en viendrons-nous à le considérer comme l'un des plus grands communicateurs et enseignants de tous les temps, à mesure que la société s'arrêtera moins au phénomène du « channeling »* et davantage au message transmis.

Ramtha vécut sur terre il y a 35 000 ans. Il passa la majeure partie de sa vie comme un conquérant brutal jusqu'à ce qu'il soit blessé au cours d'un combat.

Il se retira alors sur une montagne et contempla la vie. Il passa sept années de son existence sur un rocher aride à contempler le Soleil et la Lune, la vie et la mort et tous ces éléments qui semblent ne jamais changer. Lorsqu'il quitta son rocher et retourna vers son armée qui l'attendait, c'est un être illuminé qui revint, car il avait percé l'illusion qu'on appelle la vie. Il demeura encore plusieurs

---

*Channeling : terme américain désignant le phénomène par lequel une entité transmet son message, ou son enseignement par le truchement du corps physique emprunté à une autre entité.

années auprès de son peuple et lui enseigna jusqu'à son ultime ascension en présence de plusieurs milliers de personnes. Il est le « Ram » (« Rama ») autour duquel le peuple hindou a élaboré sa religion.

Il se décrit comme faisant partie d'une fraternité d'êtres remplis d'amour pour l'humanité venus nous transmettre l'information nous permettant de faire les choix nécessaires pour accéder à notre souveraineté personnelle lors des jours à venir. Son message vise à nous redonner notre autonomie et à conférer à chacun plein pouvoir sur sa vie.

Un jour, on lui demanda quel serait son message le plus important s'il pouvait s'adresser au monde entier. Il répondit : « Je vous dirais que vous êtes Dieu et que vous êtes grandement aimés. »

Les livres écrits à partir des exposés de Ramtha sont basés sur des sessions intensives tenues durant les week-ends, au cours desquels Ramtha a transmis des messages spontanés sur divers sujets. Il y a déjà parlé des changements futurs à l'échelle planétaire.

Les prédictions contenues dans ces pages ont été livrées il y a quelque temps, le temps, comme nous l'appelons, est en perpétuel mouvement. Ramtha est très clair au sujet des prédictions contenues dans ce livre. Elles sont livrées en fonction de la situation « telle qu'elle est perçue maintenant ». Ces prévisions ont été faites en novembre 1987. L'humanité dispose du libre arbitre et a, à ce titre, la capacité de changer d'idée. Ce qui est prédit dans cet ouvrage repose en majeure partie sur les choix des hommes, tel que l'a vu Ramtha en novembre 1987.

Ramtha nous parle également de l'impact de la conscience collective et dit qu'actuellement la lumière est dirigée sur beaucoup d'individus. Un changement dans la conscience collective peut changer plusieurs des prédictions annoncées dans ce livre. Mais Ramtha précise que certaines d'entre elles ne peuvent être évitées, comme le besoin qu'a la planète de se renouveler. Nous encourageons donc le lecteur à se préoccuper davantage du sens de la prophétie que de la prédiction elle-même.

Nous vous recommandons la lecture de Ramtha*, si vous voulez saisir toute la dimension du message.

----

*Lire *Ramtha,* aux Éditions Astra, 10, rue Rochambeau, 75009 Paris.

PREMIÈRE PARTIE

Une fenêtre ouverte sur la compréhension

Ce message que vos yeux contemplent ici ressemble à une fenêtre dont les volets largement ouverts vous permettent de scruter l'horizon lointain qui s'étend devant vous. Ce message vous est destiné, à vous qui marchez dans la lumière du jour nouveau, et son but est de vous aider à savoir vers quoi vous vous dirigez. Très peu parmi vous ont su où ils allaient. Votre vie se résumait à baigner dans un état de conscience sociale et à dire : « Hélas, voici en quoi consiste la vie.» Mais qu'est-ce que la conscience sociale ? C'est vivre pour d'autres qui ne mourront pas pour vous ; c'est gagner un salaire pour d'autres qui ne vous prêteront pas un sou ; c'est en aimer d'autres qui ne savent même pas ce qu'est l'amour.

Beaucoup d'yeux scruteront ces lignes… Eh bien ! Je vous salue tous ! Bien qu'à l'époque actuelle, vous n'ayez pas eu à effectuer une longue marche et mériter ainsi le privilège de lire ces pages, ni que vous ayez eu à demander la permission à votre suzerain de les parcourir, vous avez quand même, à votre manière, mérité le droit de recevoir cette information. Je suis également très heureux, en m'adressant à vous, de voir quels chemins vous avez parcourus avant de tomber aujourd'hui sur ce livre.

Je désire vous parler de ces quelques moments que nous passerons ensemble. Ces informations ne vous sont pas révélées dans le but d'engendrer de la peur, de l'angoisse, de la tristesse ou du désespoir. Bien que cette lecture requérera un grand courage. Ces communications ne constituent pas non plus une conspiration contre vous ; elles ne visent pas à créer la panique sur la place publique, ni à vous posséder.

Ce message ne s'adresse pas à une poignée de gens éthérés et spiritualistes qui clament que leur voie est la *seule* et unique valable. C'est un message très concret ; il traite de survie. Il ne s'adresse pas à celui qui se cache sous une cape spirituelle et se promène dans les monastères du XXe siècle, dépourvu du courage nécessaire pour vivre dans le monde réel. Ce message est pour ceux qui ont la maturité d'esprit. C'est une connaissance applicable à votre existence même. Ce n'est certainement pas une information avec laquelle vous pouvez vous livrer à des jeux d'enfants, car ces heures-là sont révolues.

Je suis donc très heureux de constater que vous avez non seulement le courage de lire ces lignes, mais aussi que vous désirez jouir de la possibilité acquise par la connaissance du présent et de l'avenir de prendre librement les décisions qui s'imposent et qui sont si importantes pour le cadeau qui vous est fait, cadeau que l'on nomme la Vie.

Le courage est réellement une qualité immanente en Dieu qui vous a créé. Il y a en vous le soi *intérieur,* l'ego, et il y a le soi *extérieur,* l'ego altéré. L'ego altéré manque de courage. Il ne sait que chercher des excuses. Le fait que vous soyez prêts à lire ces mots en dit long sur vous-même. Votre empressement à croître chante donc sur les vents de l'éternité et raconte vos origines et votre destination.

Vous ne retiendrez pas tout ce que vous lirez, car vous aurez tendance à embrouiller ce que vous ne voulez pas entendre. Mais contrairement à vos émissions de télévision, vous pourrez reprendre ce livre et le relire et le relire à volonté.

Qu'est-ce qu'un brouillage ? C'est l'ego altéré qui filtre tout ce qui conduit à votre être intérieur. En d'autres termes, vous entendez ce que vous voulez entendre ; vous lisez ce que vous voulez lire.

Vous aurez donc immanquablement des trous de mémoire. La plupart d'entre vous qui lirez ces pages entendrez et comprendrez le message en entier. Vous aurez une vision claire de ce qui va arriver, non seulement sur ce plan-ci, mais également dans votre propre petit monde intime.

Les mots qui apparaissent sur ces feuilles y ont été placés par un écrivain qui a recueilli ce que j'ai dit et l'a reproduit sur ces pages. Les mots ne sont en fait que du verbiage. Et mon verbiage a certainement été critiqué. Mais ce que vous m'entendez dire n'est qu'un reflet de vous-même et de ce que vous comprenez. Le verbiage est là pour faire connaître des réalités. Les mots estropient les émotions de façon désespérante, mais ceux qui vous sont transmis dans ce livre brûlent d'un feu qui leur est propre.

Et vous, les entités qui avez rendez-vous avec le destin, vous percevrez une révélation qui émergera à la lecture de ces mots. Pourquoi? Parce que ces mots évoquent simplement la vision intérieure qui permet d'apercevoir ce que vous n'aviez pas vu jusque-là.

Il y a plus encore que les mots ne peuvent exprimer. Il y a plusieurs niveaux impliqués dans ce terrain de démonstration que l'on nomme la vie. Et plusieurs de ces niveaux se situent au-delà des mots. On ne peut pas les exprimer verbalement. Et s'ils pouvaient l'être, vous ne les comprendriez pas. Donc, pendant le temps que nous passerons ensemble, vous lirez des mots qui vous permettront de comprendre les changements qui se trament et de comprendre votre droit de choisir en rapport avec cette connaissance.

Les mots que vous lirez seront choisis avec justesse et leur diffusion s'accomplira en dose régulière, paragraphe par paragraphe. Tout ce qui peut être partagé le sera. Votre réaction au contenu de cette lecture se manifestera par les choix que vous ferez dans les prochains mois et les prochaines années.

Le libre arbitre est ce qui vous différencie des anges

Maintenant maîtres*, parlons du choix. Il est important que vous compreniez la notion de choix, car le choix est un

---

*Maîtres : s'adressant à ses auditeurs, Ramtha utilise générale-ment l'expression « maître », car, selon lui, « chacun est le maître de son destin, l'auteur de sa vie, le seigneur de son royaume ».

droit inaliénable que chaque entité possède. Vous êtes dotés du libre arbitre par le créateur. Le *libre arbitre* est la capacité de choisir et de susciter, à partir de ce choix, la co-création avec l'Être éternel... le principe Mère/Père... Dieu Tout-Puissant... le Tout qui est le Tout. Le libre arbitre. Voilà ce qui vous différencie des entités que vous appelez les anges, car vous donnez forme à ce que l'on nomme le mystère de toutes les autres formes de vie. On vous a insufflé le libre arbitre, le choix et une âme afin de vous permettre d'évoluer à travers le processus qu'on appelle la vie.

Le choix. Tout ce que vous choisissez de faire, vous l'accomplissez. Et cette faculté, le choix, est un instrument au niveau de l'âme. Chacun a accès à ce texte ; cependant, cette connaissance ne vous est fournie que pour vous permettre de réagir selon vos propres choix.

Voilà le don qui vous vient de Dieu, le principe Père/Mère à l'intérieur de vous : votre droit de choisir. C'est un des présents le plus précieux que vous ayez reçus. Et lorsque vous perdez la liberté, vous perdez le droit de choisir. Donc, jusqu'ici, vous avez été en mesure de mettre en pratique le concept du choix.

Vous n'avez pas à croire ni à accepter ce que vous lisez ici. Vous pouvez dire : « Cette vérité ne s'applique pas à moi. » Et il en sera ainsi. Vous pouvez choisir de dire : « Ceci n'existe pas », et cela n'existera pas pour vous. Et pourtant vous continuez d'être aimés ; vous demeurez importants, indépendamment de votre choix. Vous allez lire ce qui est écrit et vous agirez en fonction de vos choix par rapport à votre réalité. Vous choisirez de réagir en fonction du niveau de votre croissance personnelle. Les choix vous permettent d'évoluer... de ramener l'évolution personnelle à sa juste place. Vous pouvez aussi choisir de stagner dans votre passé, dans lequel plusieurs d'entre vous se sont complus. C'est votre choix.

Ce qui est transmis dans ce livre peut diverger de votre propre vérité. Vous pouvez permettre à celle-ci de ne pas s'ouvrir à cette approche. C'est toujours votre choix. Mais je désire que vous sachiez que rien ne vous force à écouter, à faire, ou à réagir à ce qui vous est révélé dans ces pages. Et si vos voisins perdent tout contrôle sur eux-mêmes et vous disent : « Vous devriez faire ceci ou cela, sinon vous allez le regretter », on en revient toujours au fait que c'est vous qui choisissez. Procédez de même face à tout ce que vous lirez ici. Vous avez choisi de lire ce livre : vous avez acquis le droit de regarder ce qui y est écrit.

Ce livre ne vous transmettra que ce que vos yeux sont prêts à voir. Vous assimilerez seulement ce que vous êtes prêts à assimiler et n'accepterez que ce que vous êtes prêts à accepter.

La peur maintient le gardien à la porte et ce gardien est l'ego altéré

Vous avez également le choix d'être effrayé ou non par ce que vous lirez dans les pages qui vont suivre. La peur est ce qui maintient le gardien à la porte. L'ego altéré est le gardien qui se tient à la porte de votre âme, emprisonnant votre vie dans un comportement répétitif, ne laissant passer que ce qu'il filtre. Pensez au magnifique ego insufflé en vous par l'Essence. Puis, imaginez-le altéré par une force mystérieuse qui vous coupe de vous-même. Vous pouvez choisir d'avoir peur ou d'apprendre. Vous pouvez choisir d'évoluer en accord avec cette connaissance ou d'être affaibli par elle. Vous pouvez choisir de l'utiliser dans votre vie ou de l'écarter.

Mais, bien que vous soyez composés de chair et de sang et vous êtes particulièrement frêles, car vos sentiments sont facilement froissés : une légère égratignure sur votre peau vous fait saigner, vous êtes malgré cela divins. Vous êtes la gloire humaine de Dieu, rien de moins. Une *partie* de Dieu, sa *gloire* humaine, frère et sœur devant Dieu, vous l'êtes.

Ce que vous ferez avec ce que je dis dans ce volume vous appartient, car ce qui vous y est transmis est la connaissance telle qu'elle est perçue. Le verbe vivant se manifestera, car il est déjà en voie de se manifester. Plusieurs choses dont vous entendrez parler dans ce livre sont déjà en train de se produire et plusieurs autres surviendront par la suite.

Maintenant, si nous parlions du *temps*? Le temps est, par essence, une illusion. Ceux qui ne perçoivent pas le monde invisible sont, par essence, des hypocrites, car ils adorent le temps. Ils vivent rivés à l'horloge, qu'elle soit un sablier, une horloge hydraulique, ou une horloge mécanique. Et pourtant le *temps* est invisible. Le temps, parce qu'il est illusoire, n'est pas vérité absolue, car l'illusion varie en fonction de ceux qui la créent.

Ce que je vous dis ici est ce qui est vu en ce moment même, tel qu'il est maintenant. Plusieurs d'entre vous posent la question : «Combien de jours me reste-t-il?» «Devrais-je faire ceci aujourd'hui?» «Devrais-je l'avoir fait hier?» «Est-ce que j'ai emmagasiné assez de fèves?» Ce qui vous sera communiqué sera basé aussi près de votre structure temporelle que vous en ressentirez le besoin. Et ce que je vous dis sera vu et compté à partir de *ce moment*. Tout ce qui existe *maintenant* est le produit d'une force créatrice passée. Il résulte des pensées, attitudes, souhaits, désirs et, bien sûr, des choix d'hier. Avez-vous bien lu cela? Tout découle d'une force créatrice dont l'origine se situe *hier*! Hier vous avez imaginé qu'aujourd'hui se produirait et le voilà! Chacun d'entre vous *savait* qu'aujourd'hui serait ici et c'est effectivement ce qui se produit pour tout le monde. Ceux qui n'ont pu l'imaginer ne sont pas ici pour l'apprécier.

Le *destin manifesté* est votre vie telle que vous l'avez créée, telle que vous la vivez ; c'est également ce que vous avez créé, qui est là où vous en êtes maintenant. Le destin manifesté par rapport au drame humain, en vérité à l'élément humain, se matérialise dans vos vies en accord avec les choix que vous avez effectués, choix basés sur l'attitude générale que vous avez développée. Donc si vous êtes prisonniers de votre ego altéré et que votre vie n'est rien d'autre que la répétition rapide d'hier, alors, par choix, vous vivez une attitude répétitive qui crée constamment le même lendemain.

Demain doit arriver car vous avez trop de rendez-vous à ne pas manquer

Demain. Pouvez-vous prouver que demain s'en vient ? Pouvez-vous prouver qu'une quinzaine de jours vont suivre, sans utiliser vos calendriers ? Cela *doit* venir, car vous avez beaucoup trop de rendez-vous à ne pas manquer. Vous comptez sur le fait qu'une quinzaine de jours suivront à partir de maintenant. Vous pigez ? C'est de cette façon que vous *savez* qu'une quinzaine s'en vient. Mais jusqu'à ce que cet instant ne se produise (dans une quinzaine), vous ne pouvez en prouver l'existence.

Dans deux semaines à partir de ce jour-ci, votre destinée se manifestera dans votre vie, conformément aux attitudes émotionnelles que vous glanez aujourd'hui. En effet, votre vie changera dans une quinzaine en accord avec la connaissance acquise aujourd'hui. Cela se *manifestera* car, ayant élargi votre réalité, et en vérité aussi votre perception, votre destinée manifestée s'élargit par le fait même. Ce que vous lisez en ce jour peut influer sur vos lendemains si vous envoyez à votre âme le message de retirer le gardien de la porte.

Les êtres humains sont très inconstants. En effet, vous êtes des créatures mouvantes. Oui, vous l'êtes. Les lois du karma, du péché éternel et tous ces concepts véhiculés par un enseignement limité relèvent d'un entendement limité parce que, lorsque vous faites intervenir l'élément choix, vous pouvez *changer d'idée* à n'importe quel moment. De cette façon, vous pouvez changer votre destin. Votre destin est changé automatiquement car il est le *moment* où se situe votre esprit, le *maintenant,* tel qu'il est perçu *maintenant*. Et si vous vous réveillez un beau matin et que vous changez votre attitude dans son ensemble, vous cesserez alors d'être un chaton apeuré et vous vous réveillerez aussi brave qu'un ours rempli d'un nouveau savoir inné. Votre destin, votre « maintenant » seront alors changés. Vous êtes très flexible. Vos vies sont très flexibles et le tout repose sur le choix. Le choix. Ne vaut-il pas mieux aimer que haïr ? Pardonner plutôt que faire la guerre ? Ce n'est qu'une question de choix.

Considérez ce maintenant-ci. Regardez où vous êtes en ce moment même, assis ici, ou couché là. Ce *mainte-*

nant, ce moment précis dans le temps est le résultat de ce que vous avez fait il y a quinze jours. Vous l'avez programmé. Il s'est actualisé et c'est ce qui a créé ce moment-ci. L'humanité dans son ensemble fonctionne selon le même principe. Vous n'êtes pas différents de vos frères qui vivent dans l'espace. Ils font ce qu'ils ont à faire, pourrait-on dire. Vous êtes *identiques* à eux. Donc la destinée de la race humaine est effectivement une destinée *manifestée,* basée sur l'attitude commune de chaque être humain. Et comme on le voit en ce moment, la destinée se manifeste dans le temps en fonction de l'attitude générale qui existe en ce *moment même.*

Comment pouvez-vous parler du futur ? Il est ardu de spécifier des jours et des moments. Mais parler du futur de l'humanité est simple, car l'attitude collective engendre le destin qui se manifeste dans la vie de chacun.

Dans ce livre, je vais vous entretenir du drame humain, de la destruction de l'homme et de la nature par l'homme. Ces prédictions qui sont faites à partir du drame humain et que vous maintenez hors de votre champ de vision, sont entièrement basées sur le mouvement collectif de l'humanité à l'heure présente. Elles sont basées sur les buts de l'humanité en ce moment précis. Et ces objectifs, comme on les voit en ce moment, sont en voie de se manifester. Rappelez-vous que ce que vous ressentez et embrassez émotivement aujourd'hui doit se manifester, telle est la loi. Comprenez-vous ?

Le gardien qui vous empêche d'évoluer

Il est relativement simple de prédire ce qui va arriver à vos frères bien-aimés de l'humanité. Car, dans l'ensemble, l'être humain est la seule chose qui n'ait pas changé dans cet univers en perpétuel changement, même si vous avez la possibilité de changer en tout temps. La nature est la splendeur de Dieu en évolution, en perpétuel changement, en devenir constant, sans jamais atteindre la perfection, car ce que vous appelez perfection est une limite. Et cependant, dans cet univers en évolution continue, il y a une espèce qui refuse d'évoluer. Et cela, à cause de la peur. Cette espèce, c'est l'humanité.

Dans ce livre, nous allons aborder comme un tout l'aspect prophétique et la manifestation de la destinée humaine. Cela vous concerne intimement dans ce que vous êtes, car la manifestation de cette destinée changera radicalement votre style de vie. En tout cas, elle est censée le faire.

Parce que la nature, assujettie à l'évolution, subit une impulsion qui la pousse éternellement en avant. Ce mouvement est facilement décelable, car la nature évolue en dépit de la stagnation de l'être humain.

Mais commençons par votre cas et celui de vos semblables, afin que vous compreniez pourquoi ce que j'appelle « Les changements : les jours à venir » viennent plus rapidement et pourquoi ils auront des répercussions si profondes sur vous et également sur les lieux où vous vivez et où vous travaillez. Cette compréhension, rappelez-vous, est la connaissance. Écoutez-la. Choisissez de comprendre, car lorsque vous pouvez voir à l'extérieur de la fenêtre, vous pouvez modifier votre trajectoire et survivre à tout ce qui vient.

Votre survie est ici un sujet très important car, au cours des jours à venir, il sera impératif que vous suiviez votre voie, avançant en accord avec la nature. Ainsi, vous survivrez à beaucoup de choses qui s'en viennent. Et vous apprendrez tout de ces changements dans le temps que vous mettrez à lire ce livre. La possession de cette information vous met en mesure de survivre à tout ce qui s'en vient. Elle vous permet aussi d'être éclairé et vous libère de la peur superstitieuse et du dogme qui vous ont maintenu dans l'ignorance.

Ceux qui survivront à tout ce qui s'en vient sont ceux-là même qui auront été préparés par la connaissance. Débutons donc.

Une ombre s'étire sur le monde

Ailleurs, j'ai beaucoup parlé de l'homme et de la femme et de la création de l'ego altéré.

La raison qui fait que l'humanité est piégée dans un comportement répétitif résulte du fait que vous avez créé l'ego altéré. L'ego altéré est en fait l'Antéchrist. On en parle comme de la méchanceté de l'homme. C'est en effet le modèle familier que *tous* les peuples ont suivi, même en mon temps. Il est devenu l'image, l'identité. Et cette image, cette identité sont comme des bêtes affamées qui doivent être continuellement nourries.

Lorsque vous vivez sous l'emprise de votre ego altéré, vous entamez la force de votre divinité. Une partie passe à sauver la face, à bien faire, à dire les bonnes choses et à vivre une vie *totalement* correcte. Cela prend de votre énergie, de votre force vitale pour maintenir intact le masque. Et pourtant, la divinité ainsi opprimée est le grand ego, qui est le Dieu intérieur. C'*est* cela la stagnation de l'âme, cette âme qui n'a pas évolué depuis 35 000 ans. Toute cette énergie a été perdue à maintenir l'image en place. N'en êtes-vous pas las à la fin ?

Maintenant, si nous parlions de l'image ? Lorsque quelqu'un vit en fonction de l'image, il y a certaines choses qu'il doit faire dans le but de maintenir cette image en vie et en bonne condition. Jusqu'à tout récemment, l'homme pensait qu'il devait accomplir certaines prouesses pour devenir un homme. Et la femme craignait de ne pouvoir survivre si elle ne faisait certaines choses de son côté, croyant que sa survie lui viendrait de la gent masculine.

Lorsque vous commencerez à comprendre l'évolution de l'âme, vous comprendrez aisément l'ego altéré et la place qu'il a occupée jusqu'à ce jour.

Nous allons maintenant parler de l'homme, c'est-à-dire du genre masculin. Le genre masculin, dans la ronde des changements qui s'en viennent, est responsable de ce qui se passe dans votre monde, économiquement parlant. Il est responsable de la famine. Le genre masculin est responsable de la guerre. Nous allons donc parler de l'homme, des hommes.

En séparant les hommes des femmes, il y a de cela des siècles, il fut nécessaire pour un homme de ne pas être associé à une femme, parce que Dieu, après tout, était un homme. Son *fils* était un homme et on a suggéré que le Saint-Esprit, quel qu'il soit, était un homme ! Au niveau de la compréhension masculine, l'homme était en fin de compte divin et la femme uniquement là pour le servir. Par conséquent, elle ne pouvait parvenir à la divinité que si son mari n'intercédait en sa faveur auprès de Dieu.

Une caractéristique distinctive commença à se dessiner chez l'homme à partir du moment où on commença à considérer que les femmes n'avaient pas d'âme, il y a de cela des siècles. L'homme, par peur de retrouver une partie de lui-même chez la femme, dut s'efforcer de développer certains traits émotionnels susceptibles d'exalter son soi, tout en se maintenant séparé de la femme. Et toutes ces émotions qui constituent votre *image* se retrouvent aujourd'hui refoulées dans le corps.

Maintenant, nous allons parler de l'image. Par exemple, un homme ne pouvait pas pleurer. Il ne pouvait exprimer de la compassion ni de la tendresse. Il ne pouvait verser une larme dans la douceur d'un moment ni s'arrêter pour humer le pétale soyeux d'une fleur sauvage. Car s'il le faisait, il était considéré comme un faible, donc comme une femme qui, nous le savons maintenant, n'était pas considérée comme divine. L'homme devait accomplir des exploits, il devait être *gagnant,* il ne pouvait se permettre l'échec. L'insuccès était associé aux femmes.

L'homme commença à considérer qu'il était de son devoir non seulement de féconder de sa semence le monde entier, mais également de s'occuper de ses autres affaires. Donc l'homme se mit à concevoir et à créer une image dans laquelle la soif de l'accomplissement personnel devenait l'ultime pouvoir. Ce fut ce pour quoi il a travaillé, ce qu'il a désiré, ce qu'il a convoité. Dans son sommeil, ses rêves tendres n'étaient pas peuplés de petits enfants ni de lilas. Il rêvait de conquérir d'autres hommes et d'apparaître puissant à leurs yeux.

Bien que cela dure depuis 35 000 ans, selon votre échelle du temps, chaque vie, chaque génération cimente la division entre hommes et femmes ainsi que leurs stéréotypes. Même vos enseignements sur Dieu, dans le cadre de la religion, ont séparé les hommes des femmes, jusque dans la prière. L'accomplissement ultime de l'homme n'était pas d'*aimer,* en référence à cette image qu'il avait créée, mais d'obtenir le pouvoir, car ce pouvoir renforçait son image et lui donnait de la crédibilité.

Alors que l'accomplissement ultime chez la femme serait d'être aimée par son homme parfait, chez l'homme de sa vie, l'ultime accomplissement (en accord avec son image) serait les affaires et le pouvoir et non d'aimer une femme. Vous comprenez donc maintenant pourquoi les hommes prirent leurs *aventures,* selon votre expression, tellement à la légère, forniquant et se roulant dans le foin. Comprenez-vous ? Cela ne voulait rien dire pour eux. Cela représentait uniquement une gratification sexuelle et une relaxation.

Avec le déroulement des siècles, cette image devint de plus en plus puissante. C'était l'*homme* qui était le *roi* et c'était lui, en effet, le guerrier. Il était le conquérant. Les hommes étaient toujours en train de créer des guerres, les uns contre les autres, prétextant souvent l'excuse que c'était *la volonté de Dieu.* Pour apaiser leur ego altéré, cette grandiose image à la mesure de laquelle ils *devaient* vivre. À chaque vie, le but de cette âme serait d'acquérir le pouvoir, non pas l'amour. L'amour n'a pas facilement sa place dans l'ego altéré. L'amour réside dans le Dieu intérieur, l'ego. Non pas dans l'image de l'ego. Non pas dans l'image qui recouvre chacun d'entre vous qui lisez ce livre.

Ils oublièrent bientôt vos exploits effectués au cirque

Le pouvoir. Si vous deveniez un conquérant et que vous subjuguiez un autre conquérant, vous auriez le pouvoir, n'est-ce pas ? Mais cela est tellement fugace, car les masses sont inconstantes et elles oublient bientôt les exploits que vous avez accomplis au cirque. Vous devez donc effectuer une autre sortie et effectuer d'autres conquêtes. Et vous devez maintenir le rythme pour assurer votre gloire. Or, cette glorification, rappelez-vous, est neutralisée par l'image. Car la gloire naturelle, qui est à l'intérieur de vous, est réprimée par l'ego altéré, de sorte que vous n'arrivez même jamais à ressentir la gloire. Vous devez donc redoubler d'ardeur !

Savez-vous que votre ego altéré s'érige en gardien de votre âme, de votre subconscient ? Il ne permet à rien de ce qui ne correspond pas à son image de siéger dans l'âme. Autrement dit, imaginez que quelqu'un vous dise qu'on vous aime. Votre ego altéré dirait : « Sors d'ici ! » Et ce sentiment ne parviendrait jamais à la connaissance de l'âme. À chaque vie, l'ego altéré ne laisse entrer dans l'âme que ce qui correspond à son image. C'est pourquoi vous êtes enlisé dans une ornière depuis si longtemps.

Revenons aux hommes. Ces hommes ont continué à se battre. Les vainqueurs ont formé des tribus, puis des gouvernements et des royaumes pour gouverner les gens, souvent au nom de Dieu, *leur* Dieu, quel qu'il soit. Ainsi débuta la terreur d'un pays conquérant un autre pays, la misère humaine, la tuerie et la puanteur qui dure depuis 35 000 ans.

Qu'est-ce qui était important pour le conquérant ? Le pillage du trésor de sa victime. Vous savez : le mettre à sac, cela prouvait qu'il avait gagné. C'est pourquoi vous trouverez des trésors anciens éparpillés autour du globe et exposés avec tant de fierté. De précieux et très anciens objets fabriqués reposent dans des mausolées : ils constituent les pièces centrales d'allées de garages et de routes gazonnées en leur milieu. Et vous les regardez avec une grande fierté : « Oui, oui, oui, c'était l'aiguille à tricoter de Cléopâtre », ou quoi que ce soit, et tout un chacun s'exclame : « Oh ! N'est-ce pas merveilleux ! C'est brillant ! C'est une œuvre d'art ! » Et personne ne demande : « Comment l'avons-nous acquise ? »

Ainsi, l'acquisition de trésors volés devint un rituel respecté. Êtes-vous conscients qu'on continue encore aujourd'hui de vénérer l'exposition du butin d'un royaume conquis et possédé ? Et les pillards ont bonne conscience : ils sont allés à la guerre, ils ont conquis, ils ont fait main basse. « Je suis venu. J'ai vu. J'ai conquis ! » Une triade prononcée durant toute l'existence de l'homme. On ne voit pas de problème à mettre à sac la sépulture d'un roi et à ravir ses trésors au nom de l'histoire. On considérait bénin d'attaquer un royaume et de réduire son peuple en esclavage. Le vol fut légitimé par vos ancêtres, peu importe que le butin de la guerre fut constitué des trésors de la nation conquise ou de l'asservissement de son peuple.

La conquête et le pillage eurent lieu pendant un bon bout de temps. Ainsi, tous les rois ont toujours possédé une provision d'or et les ressources humaines nécessaires pour entreprendre n'importe quelle expédition guerrière, ou pour maintenir n'importe quelle position. Ils étaient *très* riches. Les conquérants prirent aux conquis leurs terres et, dans le cadre de l'opération, ils mirent à sac les forêts du pays et plantèrent du grain. Ils violèrent la terre. Ils prirent le produit de la terre et l'expédièrent dans leur propre pays pour nourrir leurs hordes et la foule sur la place publique. Les politiciens devaient garder la foule satisfaite, le saviez-vous ? Ils devaient maintenir leur estomac rempli, ils devaient les divertir continuellement. Pourquoi ? Parce que ce fut important d'obtenir des votes lorsque cela devint à la mode. Ce sont les *gens* qui maintiennent leurs rois au pouvoir.

Qu'est-il advenu aux terres de quelques-uns de ces pays exotiques dont vous ne vous rappelez même plus le nom ? Ces pays qui étaient couverts d'anciennes forêts et de prés d'herbes douces, à l'odeur relevée ? Qu'est-il advenu de leurs trésors scintillants, extraits délicatement des mines en prenant soin de ne pas violenter la terre ? Avec le temps, ils ont été *ravagés* par des rois conquérants. Et tout ce qu'il en reste maintenant consiste en régions désertiques, dunes de sable, *terres abandonnées* où florissaient jadis des forêts touffues qui cachaient des créatures nocturnes remplies de mystère. Maintenant, il n'y a plus que de la poussière. Pas très mystérieux.

La leçon française

Cette partie de l'histoire dura encore un bon moment, jusqu'à l'entrée en scène d'une entité merveilleuse du nom de Napoléon. En avez-vous entendu parler, oui ? Eh bien ! Avant lui, il y eut tous les Césars. Pour un César, il n'était pas vraiment nécessaire de trouver du financement avant d'entreprendre une marche guerrière : il marchait simplement sur un pays et se l'appropriait. Puis est venu ce grand conquérant avec ses rêves de gloire, ses rêves de rétablir la prédominance de son pays sur le monde de son époque. Cependant, son pays était en faillite, parce que les gens, les masses si vous préférez, avaient renversé l'aristocratie. Vous savez : coupe, *coupe, COUPE ?** Et comme résultat, ils se sont débarrassés de tout le sang noble qui existait dans ce pays à ce moment-là, car ils accusaient les nobles d'être la cause de leur très grande pauvreté. Et ils avaient raison.

Donc ce conquérant est venu pour tirer du marasme son pays bien-aimé et lui redonner son ancienne place prépondérante. Et avec lui vint un individu qui s'aperçut qu'il pouvait tirer un grand profit de cette entreprise. Il finança Napoléon et ses aventures, lui consentit un prêt substantiel pour aller guerroyer et conquérir et, quel que fut le butin ramené par Napoléon, il y avait droit pour se rembourser. Me suivez-vous ? Oui. Maintenant, rappelez-vous : les femmes demeuraient à la maison et les hommes allaient à la guerre (sauf quelques chétifs qui demeuraient à l'arrière pour prendre soin des femmes).

---

*Ramtha fait référence à la Révolution française, au cours de laquelle le peuple guillotina l'aristocratie.

Ils sont appelés les Hommes Gris

Ainsi naquit avec la première conquête de Napoléon l'épopée de ce que vous lirez tout au long de ce livre. On les appelle les *Hommes Gris.*

L'entité auprès de qui Napoléon obtint l'or mit sur pied un merveilleux système consistant à approvisionner et à financer les conquêtes. Cela devint une affaire *très* lucrative, avec un rendement très intéressant, une affaire qui est en voie de changer la face du monde tel que vous le connaissez aujourd'hui.

Ce pionnier de la finance eut une idée fondamentale. Il réalisa que la clé du succès de son entreprise résidait dans le fait de ne prêter serment d'allégeance à *aucun* pays. Ses affaires commencèrent à prospérer et à s'étendre. Pour l'entrepreneur, celui qui organisait le financement de quiconque voulait jouer à la guerre, il importait de n'être fidèle à aucun pays, mais d'être simplement là pour répondre au besoin.

Ce premier *Homme Gris particulier* n'avait pas de femme à chérir ou à aimer. Mais il avait des fils. Ils constituaient des trésors, car ils signifiaient que son héritage divin allait se poursuivre. Et cela se produisit. Cet homme vit en son ego altéré une image d'accomplissement consistant en la richesse *ultime*. Maintenant, écoutez bien : personne ne désire l'argent pour l'argent, mais plutôt pour ce qu'il permet d'obtenir. Et pour l'image de cet *Homme Gris* débutant, obtenir la richesse était la clef qui ouvrait la porte du pouvoir. Ce n'était pas l'argent, c'était le *pouvoir* qui comblait ce besoin, cette image.

Ce merveilleux *Homme Gris* s'aperçut rapidement qu'il pourrait accroître le rendement en restant neutre et en travaillant des deux côtés à la fois. Et c'est ce qu'il fit. Il aida un pays appelé l'Autriche et un pays appelé la Pologne.

Bientôt cet homme et ses fils récoltèrent une très coquette et jolie somme des prêts alloués à chacune des parties impliquées dans un conflit armé. Et ils découvrirent que c'était même à leur avantage de susciter des conflits. Vous me suivez ? Oui, on commence à y voir clair. Plus ils pouvaient encourager les conflits et nourrir l'ego altéré des rois et des conquérants assoiffés de pouvoir, plus ils s'enrichissaient et plus ils devenaient puissants. Cette puissance leur apporta un avantage supplémentaire, soit l'art qu'ils développèrent de placer leurs fils et leurs gens à des postes très influents. En d'autres mots, si le roi disait : « Non, j'ai décidé de donner ce poste à mon petit cousin », alors ce gentil et sympathique représentant de la Finance lui répondait : « Eh bien, comme c'est malheureux, car j'étais convaincu que l'individu que je vous recommandais aurait fait un travail splendide. Et comme cela ne peut se faire, alors je *dois* vraiment vous demander de me rembourser tout ce que vous me devez, aussitôt que possible, bien sûr. » Et naturellement, le roi rentrait en son château, se rongeait les ongles, les mâchouillait, jurait, grinçait des dents et revenait plus tard en disant : « Oh ! j'aimerais que votre protégé vienne occuper cette fonction. »

L'ombre est projetée

Depuis l'ère napoléonienne, l'influence des *Hommes Gris* a grandi de façon incommensurable, bien qu'ils aient gardé un caractère personnel à ce pouvoir et l'aient maintenu à l'intérieur de leur descendance directe. Ils ont ouvert des banques et ont commencé à influencer les gouvernements. Ils ont influencé les rois et les chefs de ces gouvernements. Et ceux qui refusaient de jouer leur jeu n'arrivaient plus à se procurer de l'or et se retrouvaient coupés des pays avec lesquels ils avaient auparavant entretenu de bonnes relations. Dans cette grande putain appelée l'Europe, tout était dicté par le pouvoir de l'or et du papier-monnaie qu'il sous-tendait.

Après le tournant du XIXe siècle (ou les années 1800 selon votre appellation), un grand homme, héritier de ces *Hommes Gris* qui étaient à l'origine de ces activités, hérita de cette magnifique stratégie d'affaires. L'entreprise demeura entre ses mains et dans sa famille. Ceux qui furent choisis pour travailler avec lui commencèrent à contrôler l'Europe.

Chaque guerre depuis Napoléon 1er a été manipulée, organisée et financée par les *Hommes Gris* et leurs familles. Et si l'idée de la guerre n'existait pas, ils la créaient.

À n'importe quel prix. Rappelez-vous, ces grandes familles *grises* ne prêtaient allégeance à aucun pays. Par conséquent, elles n'obéissaient à aucune loi d'aucun pays ni à aucune croyance religieuse. Elles n'obéissaient qu'à elles-mêmes, ce qui leur permit de mener leurs entreprises plutôt agréablement. Elles prirent des gens du peuple et en firent des dictateurs dont elles alimentèrent l'ego altéré. Elles fomentèrent des assassinats. Elles suscitèrent la réprobation, déclenchèrent des vagues de violence et de dissension, tout cela pour le pouvoir. L'argent, oui, mais l'argent leur achetait le pouvoir, car chaque homme avait un prix et chaque royaume le sien également. Vous me suivez ? Vous avez vu jouer cette pièce sur la scène auparavant ?

Le nom de cet homme des années 1800 était Rothschild, vous avez déjà entendu ce nom ? Souvenez-vous-en, car, très bientôt, vous commencerez à voir comment l'effritement croissant de l'égalité entre les êtres humains à l'échelle de la planète fut orchestré par cette famille.

En 1857, cette dynastie avait placé des gens dévoués à ses intérêts à des positions importantes, aux niveaux décisionnels à travers l'Europe. Elle en avait également dans d'autres pays autour du monde. Et elle commença à en placer en Amérique.

En 1857, les grandes familles se réunirent à Londres. Elles complotèrent toutes les guerres qui se produiraient en Europe, en Amérique et jusqu'à la dernière guerre fomentée, la Deuxième Grande Guerre mondiale. Oui, aussi près de vous que cela.

Ces familles sont également les mêmes individus qui ont suscité la guerre entre le Nord et le Sud aux États-Unis. Les familles, de connivence avec les armuriers qui *également* n'avaient aucune allégeance envers aucun pays, créèrent la guerre civile qui éclata en Amérique. Les champs de bataille furent manipulés. Le Nord voulait la richesse du Sud. L'esclavage n'était pas le vrai motif de ce fléau, mais une façon de l'excuser. Les esclaves étaient déjà en voie d'acquérir leur liberté, longtemps avant l'irruption de cette flambée de violence. La guerre était un plan pour prendre le contrôle des richesses du Sud.

Le président Lincoln fut un grand roi*, je désire que vous le sachiez. Il n'y en a pas eu d'autres comme lui. Cet individu s'était efforcé d'arrêter depuis son élection l'achat de papier-monnaie de l'Europe et ce dans un but purement économique. Il connaissait également tout du conflit qui était en train d'être créé, dressant frère contre frère. Il s'efforça *désespérément* de décréter pour son pays, pour son peuple, un système qui assurerait à l'Amérique la propriété de sa *propre* monnaie, plutôt que de l'acheter de l'Europe. Et lorsqu'il prit la décision que son pays imprimerait sa propre monnaie, pour la souveraineté de son peuple et ce, *sans intérêt,* on l'élimina. Simple à comprendre : il représentait une menace pour un système déjà bien enraciné en Europe, un système qui, à ce moment-là, contrôlait l'économie mondiale et certainement l'économie de cette nouvelle nation novice que constituaient les États-Unis. Ce ne fut pas un fou qui tua cet homme merveilleux, ce fut un tueur à gages. En conséquence, l'argent continua à couler vers l'Amérique, soutenue par des intérêts extérieurs.

Maintenant, je vais vous ramener à la Première Guerre mondiale. Ils l'ont appelée la Grande Guerre. Un nom intéressant pour une guerre : la *grande* guerre. Cette guerre fut créée et financée non seulement par des banquiers d'Amérique, mais également par des banquiers d'Angleterre et de Suisse.

Elle fut créée dans le but de provoquer l'instauration d'un système de taxation souvent proposée et que les *Hommes Gris* désiraient imposer carrément sur le dos du peuple américain. La guerre fut créée dans le but d'y entraîner le peuple américain. Elle fut créée pour assujettir l'Europe. Elle fut créée également dans le but d'implanter davantage le contrôle monétaire des *Hommes Gris* aux États-Unis, et les choses se déroulèrent comme ils l'avaient planifié.

Rappelez-vous, les banques en Amérique et en Angleterre, et en vérité dans d'autres pays à travers le monde, appuyèrent cette guerre. Les Américains à ce moment

---

*Ramtha fait souvent référence au président d'un pays comme étant le « roi ».

étaient tout juste en train de découvrir la liberté, leur pays et l'occasion de réaliser leurs rêves. Oui, il y avait des moments difficiles, mais ils possédaient avant tout une valeur suprême, celle pour laquelle ils avaient quitté l'Europe : la *liberté* ! Ils pouvaient vénérer ce qu'ils croyaient, ils pouvaient vivre comme ils désiraient et n'étaient pas soumis au joug des tyrans de leur mère patrie. L'Amérique n'était pas composée de personnes suivant un seul crédo spécifique. C'était le creuset du monde, pour ainsi dire. *La liberté.* Tous appréciaient immensément cette liberté en Amérique.

Je désire que vous sachiez que l'Amérique venait tout juste de sortir d'une guerre horrible avec Cuba. En avez-vous entendu parler ? Eh bien, connaissez-vous « Rough Riding Ted ? »* Laissez-moi vous raconter. Cuba était jadis une grande île, habitée par un grand peuple. Ses habitants n'étaient pas révolutionnaires, ils étaient de *simples fermiers.* Ils n'avaient aucun dessein révolutionnaire et pourtant les États-Unis, par la propagande, furent informés de la présence d'un *ennemi résidant en-dessous d'eux* et de la *menace* que ce petit pays de fermiers représentait pour la *paix mondiale.* Des fermiers, vous rendez-vous compte ?

Les armuriers avaient leur part de responsabilité dans cette affaire. Ce sont eux qui créèrent la guerre et *importèrent* les insurgés et les révolutionnaires. C'est ainsi que l'Amérique entra en guerre pour éliminer les insurgés cubains. Savez-vous qui ils ont massacré ? Des fermiers qui n'avaient aucune idée de l'objet de la dispute, qui n'avaient jamais même pensé à une guerre. Ils n'avaient d'intérêts que pour leurs récoltes, leurs enfants, leur amour de Dieu et leur croyance en l'Église. Ils n'avaient fait de mal à personne, mais ils étaient devenus les « insurgés » et on devait les éliminer. Cette guerre fut créée par les *Hommes Gris.*

Cela demanda beaucoup d'efforts de persuasion pour que les États-Unis s'impliquent dans la Première Guerre mondiale, parce que personne dans ce pays ne désirait se

---

*Surnom populaire donné au président américain Theodore Roosevelt (1901 à 1908).

battre. Si bien que les *Hommes Gris,* qui possèdent la plupart des médias... savez-vous ce qu'est un média ? J'ai appris ce terme, vous savez ! Les *Hommes Gris* les possèdent *tous.* Vous savez, les journaux que vous lisez, l'écran que vous regardez, les magazines que vous feuilletez, les ondes radio que vous écoutez. Parce que c'était important d'avoir le contrôle sur ce que vous lisez, voyez et entendez. Ils disent aux journaux quoi imprimer et quoi ne pas imprimer. Eh bien, ils *menèrent* une campagne médiatique sans discontinuer sur cette guerre et sur le patriotisme des Américains. Et ceux qui n'aidaient pas à faire flotter la bannière de la liberté étaient considérés comme des traîtres. Ils ont été manipulés plutôt adroitement !

On mena une campagne politique très intense aux États-Unis pour s'assurer que le pays s'impliquerait. Vous rappelez-vous ce qui a finalement plongé les Américains dans ce petit pétrin ? Quel fut l'incident ? Vous êtes des as ! Oui, c'est en effet un bateau qui a été coulé. Écoutez, saviez-vous que les bateaux de passagers qui quittaient les côtes américaines transportaient de la contrebande ? Ils transportaient de l'équipement de guerre avant même que les États-Unis ne fussent impliqués dans la Première Guerre mondiale. Donc ils finirent (les Américains) par y être officiellement impliqués. Et combien braves furent tous ces fils et mêmes quelques-unes de leurs filles qui moururent dans cette guerre ! C'était une guerre pour la liberté, pour restaurer la liberté et pour sauvegarder l'Europe de la menace de l'Allemagne ! Quelle blague ! Ce n'était pas cela du tout ! Ce fut une manipulation bâtie à coup de propagande.

Et lorsque tout fut terminé, l'Amérique avait emprunté énormément pour faire face à la dette occasionnée par cette guerre. Ainsi, aussi suggéra-t-on subtilement que la façon de rembourser le prêt serait de taxer de nouveau les gens. Et la taxe fut votée. Les gens payèrent des impôts pour rembourser le prêt consenti par les *Hommes Gris,* qui reçurent finalement un retour sur leur investissement. Mais les *Hommes Gris* voulaient que les impôts se poursuivent indéfiniment, car ils désiraient que les Américains s'endettent envers eux, autant que l'Europe l'était déjà.

Beaucoup de choses se sont passées à ce moment de l'histoire. Les *Hommes Gris* étaient propriétaires de vos médias. Les Américains durent payer un impôt pour une guerre qu'ils n'ont jamais comprise. Vous n'avez jamais vraiment compris pourquoi vous aviez dû combattre. Vous n'avez jamais vraiment vu pourquoi vos enfants furent enrôlés, puis massacrés. On ne vous a jamais vraiment raconté l'histoire cachée, voyez-vous. Puis vint, pendant un court laps de temps, un autre président américain, un président qui « eut un accident ». Il ne voulait pas se prêter au jeu, il ne voulait pas instaurer le système d'une Réserve fédérale destinée à contrôler la monnaie américaine. Alors il eut un petit accident malheureux. Et devinez quoi ? Les Américains se retrouvèrent avec un nouveau président.

Les *Hommes Gris* dictent réellement qui est le meilleur homme pour remplir le poste. Ils veulent réellement y voir une personne disposée à jouer leur jeu. Parmi les présidents, plutôt que les rois, que vous avez élus, une bonne partie d'entre eux ont quitté le droit chemin. Vous êtes conscients que plusieurs d'entre eux ont d'ailleurs été éliminés par suite d'un scandale. Les scandales qui ont éliminé les présidents américains de leur poste ont été forgés dans le but précis de les réduire au silence. Cela vous surprend ? Et tous les présidents américains qui ont été assassinés n'ont pas été tués par un fou, mais plutôt parce qu'on avait décidé qu'ils devaient disparaître. Ils ne jouaient pas le jeu. Quelques-uns de ces présidents ont rencontré leur propre conscience en travers de leur chemin. En d'autres mots, le Dieu à l'intérieur d'eux se réveilla, disant : « Ce n'est pas juste. Par respect pour ma conscience, par la grâce de Dieu, je ne peux faire cela. »

Eh bien, les *Hommes Gris* ont des bureaux ici et là. Quelqu'un rapporterait, au cours d'un meeting, le fait que votre président ne joue pas le jeu et ils diraient simplement : « Débarrassons-nous de lui. » Bien entendu, le successeur serait la personne qui maintiendrait le statu quo. Est-ce que vos yeux sont ouverts ? Vous voyez en noir sur blanc ce que peu d'entités ont jamais osé partager avec vous ! Et je présume que je suis très audacieux.

Les familles des *Hommes Gris,* au tournant de 1920, atteignaient le nombre de douze. C'étaient les nantis qui possédaient les banques internationales et, littéralement, la Suisse elle-même. Ce sont eux qui décidèrent qu'il ne convenait plus de faire circuler l'or. Ils ont créé la monnaie de papier et la Banque de Londres. Ils possèdent la Banque de Londres. Ils créèrent une Réserve fédérale dans chaque pays important, où ils impriment la monnaie de papier à leur guise et conformément à leur stratégie de pouvoir.

Seule l'ombre sait

Finalement, après quelques accidents malheureux, la loi sur la Réserve fédérale fut votée et acceptée aux États-Unis. Cela signifiait que la Réserve fédérale pouvait dès lors imprimer de la monnaie dans ce pays, de la monnaie de *papier* qui n'était pas nécessairement appuyée par des réserves d'or équivalentes. En d'autres termes, votre monnaie de papier ne vaut rien. Les *Hommes Gris* ont bâti une économie à partir de bouts de papier sans valeur, grâce au contrôle qu'ils exercent par la manipulation. Il n'y a pas si longtemps, il était illégal pour un Américain de posséder de l'or. L'or devait être rendu au gouvernement. Vous devez comprendre que l'or a représenté le pouvoir d'échange au cours des trois derniers millénaires. Plus les *Hommes Gris* pouvaient dépouiller un être humain de son sens des valeurs, plus cet être devenait contrôlable. Vous me suivez ?

Donc, maintenant, la Réserve fédérale des États-Unis est incorporée. Elle imprime sur les billets « In God We Trust » (Nous mettons notre confiance en Dieu). Elle est dirigée par un directeur désigné, choisi par un comité exécutif, lequel est nommé par le président des États-Unis. Et le président est souvent mis en place par... les puissances de l'ombre. Eh oui !

La Réserve fédérale américaine est un système bancaire qui *prête* de l'argent à ce pays. Mais il ne lui en prête pas *assez* pour lui permettre de payer les intérêts sur ce qu'il emprunte. Donc, si vous êtes quelque peu à court et que vos produits d'exportation ne se vendent pas aussi facilement qu'ils le devraient, vous ne pourrez jamais, *jamais* rembourser le prêt parce qu'il encoure des intérêts et que vous ne possédez que le papier-monnaie qui vous a été distribué au départ. Vous vous mettez alors à faire d'étranges et extraordinaires transactions. Par exemple, vous hypothéquez chacune de vos possessions et vendez différents biens, dont des parcelles de votre pays et ainsi de suite. Les États-Unis, par exemple, ce grand *melting pot*, ce modèle de liberté, est en train de se vendre dans le but de payer sa dette nationale ! Ne trouvez-vous pas bizarre que votre pays soit en dette avec lui-même ? Combien étrange. J'ai toujours pensé que c'était *très* bizarre. Envers qui êtes-vous endetté ?

Pour assurer le remboursement de cette dette, on augmenta *juste un peu plus* l'impôt sur le revenu. Puis, le Mardi Noir, tout le monde perdit tout dans l'effondrement du marché boursier. La valeur des actions plongea frénétiquement et des gens se lancèrent par les fenêtres à New York. Tout cela fut merveilleux pour les *Hommes Gris*. Les grandes familles qui tiraient les ficelles avaient des gens à eux aux endroits stratégiques. Ils purent ainsi, légalement, racheter d'immenses et puissantes fortunes corporatives à des prix d'aubaine. La crise boursière de 1929 a, elle aussi, été planifiée.

Maintenant, vous êtes astreint à un impôt écrasant et impitoyable, que vous payez avec un dollar dont la haute finance contrôle la valeur. Votre Réserve fédérale n'appartient à aucun d'entre vous. Elle n'appartient pas à votre gouvernement. Elle s'appartient elle-même.

Les États-Unis étaient en train de s'endetter rapidement.* La dépression était là et la nature n'était pas très coopérante, du moins c'est ce qu'on disait. Et les gens avaient faim, ils faisaient la queue pour avoir du pain et de la soupe. Vous rappelez-vous ce temps-là ? Vous essayiez de trouver une façon de vous sortir de la pauvreté et d'une économie stagnante. Alors, on mijota la Deuxième Guerre mondiale.

---

*N.d.t. : cette constatation s'applique à la majorité des gouvernements.

Le financement de la mégalomanie

Pensez-vous que le monstre Hitler aurait pu s'imposer si personne ne l'avait financé ? Ne comprenez-vous pas que ceux qui ont appuyé financièrement l'Allemagne à ce moment jouaient sur la mégalomanie d'Hitler ? En d'autres mots, ils ont misé sur la soif de son ego altéré pour le pouvoir absolu.

Permettez-moi de vous dire que cette entité limitée avait un appétit à ce point insatiable pour le pouvoir ultime qu'il se voyait devenir l'empereur du *monde*. Hitler se considérait comme la personne numéro un du monde entier et ses acolytes le flattèrent suffisamment pour le convaincre qu'il réussirait. Hitler était sans aucun doute fidèle à son pays, mais il avait également besoin d'un moyen pour continuer à confisquer des richesses. Il le fit en détruisant un peuple très précieux, au nom d'un vol supposément légitime.

Je veux que vous sachiez quelque chose. Une banque de New York a participé au financement d'Hitler. Les banques d'Angleterre lui ont avancé de l'argent, bien que le pays fut en guerre contre lui. Les ressources naturelles américaines, le nickel, le charbon, toutes ces matières premières dont ne disposait pas l'Allemagne lui furent expédiées par bateau. Où pensez-vous qu'ils se sont procurés les métaux pour construire leurs machines de guerre ? Auprès de tous les pays qui étaient littéralement possédés par les *Hommes Gris*. Hitler était très bien armé, vous souvenez-vous ?

Bientôt, tout le monde se mit à dire : « Une atrocité terrible est en cours en Allemagne. Je pense qu'on devrait s'en mêler. » Et les politiciens américains se lamentaient : « Nous ne pouvons laisser décliner la grandeur de l'Amérique, alors que ses propres alliés subissent les attaques de ce monstre... et si nous ne faisons rien rapidement, nous serons incapables de combattre le communisme, le marxisme et même, éventuellement, la menace de Staline. Nous devons aller à la guerre pour défendre la liberté. »

Écoutez : c'était un jeu, créé de toutes pièces, malheureusement. Mais les gens ordinaires si bénis envoyèrent leurs enfants à la guerre, mourir douloureusement, seuls dans des tranchées froides, boueuses et baignées de sang, alors que l'économie se relevait aux États-Unis et que les gens faisaient plus d'argent. Le niveau de vie augmentait et chacun en était content, sauf ceux qui mouraient au fond des tranchées, dans la solitude. Cette guerre fut évidemment financée par les États-Unis. Et naturellement, lorsqu'on eut besoin de plus d'argent pour faire démarrer la machine de guerre américaine, les impôts furent augmentés, *juste un peu plus,* et la dette nationale américaine s'éleva de façon monstrueuse.

Avez-vous appris que vous aviez gagné la guerre ? Quelqu'un vous a-t-il jamais dit cela ? Peut-être l'avez-vous lu : la *Victoire*! Avez-vous étudié la question dans vos livres d'histoire ? Vous *n'avez pas* gagné la guerre. Les *personnes grises* qui ont été les instigateurs de la guerre continuent de vivre dans leurs richesses hors du commun et mènent encore ce monde. Les vrais conquérants derrière la cavalerie sont sortis de l'échauffourée sans une égratignure. Et *aucun* de leurs fils n'est allé à la guerre. Leur richesse s'est accrue énormément à la suite de cette opération.

Il y a tellement à raconter. Que vous dire et que ne pas vous dire... C'est mon dilemme de déterminer ce qu'il est important que vous connaissiez à ce point-ci. Sachez ceci : il n'y aura pas d'autre longue marche au cours de cet âge sombre des tyrans.*

---

*Ramtha fait ici référence à la longue marche de 63 ans qu'il entreprit avec son armée, il y a de cela 35 000 ans, dans le but de briser le joug des tyrans de son époque. C'est lors de cette marche que se produisit son illumination et c'est à la fin de celle-ci qu'il accomplit son ascension finale, en présence de plusieurs milliers de personnes.

L'ombre grandit

Les banquiers opèrent maintenant à l'échelle internationale. Ils ont prêté de façon magnanime. Vous croyez peut-être que vous avez prêté à votre pays et lui avez ainsi permis de réduire sa dette nationale ? Pensez-vous vous rembourser chaque fois que vous payez vos impôts ? Vous payez les *Hommes Gris* qui, eux, amassent d'*énormes profits*. La nation américaine est trop endettée pour prêter quoi que ce soit à quiconque. Pourtant, et c'est ahurissant, leurs banquiers *continuent* de prêter aux pays pauvres qui se battent ! Où les banquiers récoltent-ils l'argent qu'ils prêtent, si les États-Unis sont à ce point en banqueroute ?

Les banquiers affirment prêter de l'argent à ces pays dans un effort pour les faire passer au xxᵉ siècle, pour les relever économiquement. Dans la plupart de ces pays, les gens aspirent à la démocratie. Ils veulent vivre comme les Américains, les « Yankees ». Ils en ont réellement envie. Partant, ils sont mûrs pour la révolution.

C'est alors que les insurgés entrent en scène. Les banquiers concoctent aussitôt un gouvernement militaire et vous obtenez ainsi les polarités nécessaires. Dès lors, vous avez un motif pour développer ce pays : appuyer ces gens qui réclament la démocratie. Bien sûr, le gouvernement militaire n'est là que temporairement. Sa raison d'être est d'alimenter et même d'intensifier le désir de liberté. Commencez-vous à comprendre le procédé ? Les vendeurs d'armes font beaucoup d'argent. Les munitions arrivent de divers pays chrétiens. Elles ont été envoyées de partout dans le monde, même des États-Unis. Bien entendu, tout cela est fait pour appuyer les combattants de la démocratie !

Dès que le changement est amorcé, ce pauvre fermier qui jadis vivait tranquillement sur sa terre, qui n'avait pas à payer d'impôt, qui arrivait à nourrir sa famille, aimait son Dieu et son Église, doit maintenant travailler frénétiquement. Puis il se retrouve en train de manifester dans les rues étranges de villes qu'il connaît mal, réclamant de la démocratie, sans trop savoir *pourquoi* il fait cela. Il a été englobé dans une conscience sociale créée intentionnellement par les *Hommes Gris,* dans le but d'appuyer leur image du pouvoir mondial.

Bien entendu, nous savons tous que la démocratie triomphe et que les méchants insurgés communistes sont repoussés, de sorte que la colombe de la liberté reprend son vol ! Et de quoi a besoin maintenant ce jeune pays qui fait ses premiers pas ? De *prêts* substantiels pour se développer, devenir une nation, à l'image des « Yankees », eh oui ! comme les Américains.

Dès que les insurgés quittent la scène, les banquiers s'amènent, trop heureux de distribuer les *milliards.* Connaissez-vous ce terme ? Pas seulement quelques écus, des milliards de ce papier-monnaie, vous savez, ça ferait un sacré feu ! Donc, ils prêtent des milliards, sachant très bien que ces merveilleux dirigeants catapultés à la tête de ce nouveau gouvernement *démocratique,* dilapideront cet argent. Les *Hommes Gris* le savent. Ils savent que ce petit pays sera incapable de rembourser sa dette.

Alors, les banques demandent le remboursement du prêt. Le leader responsable du pays plaide alors sa cause : « Mais nous n'avons tout simplement plus suffisamment d'argent pour vous rembourser. » Le représentant de la banque sourit et dit : « Monsieur, ne vous en faites pas. Vous savez, je suis certain que nous pourrons arriver à nous entendre. Nous allons échanger votre dette *substantielle* contre les droits miniers de votre pays ainsi que le pétrole trouvé sur votre littoral côtier et à l'intérieur de votre pays. Nous prendrons cela en échange. » Le dirigeant du pays est alors si content qu'il s'exclame : « Quelle aubaine !» Aussitôt dit, aussitôt fait. Et le petit pays a cessé d'être un *pays*. Bien sûr, on s'efforcera d'en faire une démocratie, mais déjà ce n'est plus un pays. Il a été absorbé par une organisation sans frontière, qui grandit sans cesse dans votre monde d'aujourd'hui.

Avez-vous une idée de la quantité de nations du Tiers Monde qui ont été mises en demeure de rembourser leur prêt récemment ? Plusieurs d'entre elles. Vous seriez médusé de voir avec quelle rapidité les *Hommes Gris* prennent les affaires en mains et comment le pays retrouve sa stabilité après cela. L'industrie s'y installe. Des éléments que les gens du pays ne contrôlent pas prennent le dessus parce qu'ils se sont installés. Les fiers indigènes du pays sont évincés de leurs terres et parqués comme un troupeau dans les villes. Ça n'a pas d'importance si les fermiers ne cultivent plus dorénavant. Ça n'a pas d'importance si la forêt vierge est transformée en copeaux. Ça n'a aucune importance. Car les promoteurs arrivent et rasent les forêts, financés par les grandes banques, tout cela au nom de ce que vous appelez le progrès.

Et les autochtones se demandent : « Pourquoi crèvent-ils de faim dans les villes ? » Et où est cette assistance de la nouvelle ère qui devait les faire vivre, cette aventure économique appelée import/export ? Eh bien, une partie provient du pays de l'Ours (la Russie). On leur a dit d'envoyer cette aide. Savez-vous d'où le pays de l'Ours importe ses denrées ? De l'Amérique.

À l'heure qu'il est (nov. 1987), il n'y a que *trois* nations dans le *monde* qui ne soient pas totalement en la possession de la Fraternité des *Hommes Gris,* qui ne soient pas *totalement* leur propriété. Deux de ces pays sont en guerre et le troisième a été en quelque sorte oublié. Tous les autres pays, la Russie y compris, sont contrôlés par les *Hommes Gris.*

Vous avez entendu le terme bolchévique ? Qui, croyez-vous, a donné de l'argent à Lénine ? Comment Lénine matérialisa-t-il à partir de rien les ressources pour implanter sa société idéale ? Comment fut-il en mesure de renverser le dernier Tsar, par le biais d'une révolution, assassinant sans pitié toute la famille du Tsar et éliminant de la Russie tout aristocrate dans le but de donner corps à sa théorie marxiste ? La révolution fut financée par les mêmes banquiers afin de créer le *stigmate* du communisme, stigmate qui permettrait de créer bien des illusions dans le futur. La Russie possède la plus grande réserve d'or du monde. C'est vrai. Ils étaient également mûrs pour une nouvelle forme de gouvernement et ils l'obtinrent. LE NOUVEL ORDRE MONDIAL a été emprunté aux écrits de Marx, un élitiste. Il avait lui-même emprunté son idée de Socrate. Et Dieu sait où Socrate l'avait prise. Mais elle a été polie par la série des leaders depuis, chacun la présentant comme sa pensée « originale ».

Pourquoi le marxisme est-il une philosophie de gouvernement tellement idéale ? Simplement parce qu'il a la vision d'un monde contrôlé par une élite restreinte. En d'autres termes, les gens responsables, riches et puissants contrôlent le monde et les attitudes « animales » de la population.

Marx a dit que les gens du peuple n'ont aucune intelligence. Et le plus grand danger pour le communisme, et en vérité pour *cette* théorie marxiste, est qu'elle ne peut tolérer une « médiocratie », une classe moyenne ou médiane. Le peuple *devait* être encadré, contrôlé, ses études dirigées, toute chose devait l'être ; c'était cela la société idéale. Et cette société a été instiguée, créée et financée pour plusieurs raisons, la principale étant la version finale que cette société aura adopté dans quelques années : le nouvel Ordre mondial.

Le communisme devait être créé. Et en Russie, tout comme dans les pays plus petits, la révolution surgit, venue on ne sait d'où. Tantôt les paysans étaient des fermiers, tantôt ils se retrouvaient soldats. Règle numéro un : il devait y avoir une polarisation pour pousser le peuple à solliciter un nouveau gouvernement, un changement. Il devait y avoir une *menace*. N'eut été de la *menace* mondiale du communisme, qu'est-ce que les marchands d'armes auraient vendu ces dernières années ? S'il n'y avait pas eu le communisme, qui aurait été l'ennemi des États-Unis ? Cuba ? Comprenez-vous ? Écoutez. À cause de la présence fabriquée du communisme, les Américains ont toujours senti leur liberté menacée. À cause de cette société communiste, le peuple américain a fourré son nez dans les affaires de tout le monde, parce qu'on leur a dit de le faire, parce que le *communisme* est une menace pour leur liberté. En vérité, tout cela a été de la manipulation, un jeu.

Pensez-vous que les Russes sont des gens impitoyables et durs ? Pensez-vous qu'ils sont dépourvus d'âme ? Qu'il n'y a pas en eux la capacité d'admirer l'artisan de la création ? Pensez-vous que lorsqu'ils travaillent la terre, ils ne s'émerveillent pas du retour des saisons et de la croissance d'une semence unique qui se transforme en nourriture sur une assiette ? Ils sont exactement comme *vous*, car ils sont des enfants, des dieux de la Force de vie.

Pourquoi ont-ils eu peur de vous ? Parce que *leurs* médias sont également contrôlés et qu'on leur a dit précisément ce à quoi, vous, capitalistes impérialistes, vous ressemblez !

Ne pensez-vous pas que s'il n'en avait tenu qu'à eux, ils vous auraient déjà ouvert leurs frontières ? Et vous les vôtres ? Nous aurions eu le spectacle d'un échange de fraternité et de vie, au lieu de voir apparaître une ligne artificielle de démarcation. Imaginez le contrôle, imaginez le contrôle exercé par un seul homme qui parvient à s'imposer à une nation entière d'êtres humains. Cela exige un énorme ego altéré.

Vos frères que vous étiquetez de communistes, ils sont *vos* frères et vos sœurs ; ils ne vous haïssent pas. Ils ne vous comprennent pas plus que vous ne les comprenez, et c'est pour que cela n'arrive pas que des barrières ont été intentionnellement maintenues entre vous. Ne trouvez-vous pas qu'un mur de fer représente la gifle la plus hideuse jamais administrée au visage de l'humanité ? Je me suis trouvé là un de ces jours de votre temps et je l'ai regardé. Un mur qui peut tenir enfermée toute une nation ? Époustouflant !

Cela peut vous paraître ennuyeux. Cela peut sembler sans rapport avec votre existence sérieuse, avec les décisions que vous prenez, avec votre façon de vivre. Quel rapport cela peut-il avoir avec vous ? Ne comprenez-vous pas que c'est cette même attitude d'indifférence qui a permis à cette tyrannie de prospérer dans le monde ? Au moment où on se parle, votre pays, même si vous l'appelez l'Amérique, n'existe plus.* Votre constitution, ce document témoin d'une vision de la démocratie, vos droits, inscrits dans une Déclaration à laquelle on donne force de loi, sont les seules choses qui maintiennent ensemble les morceaux de votre liberté. Mais il y a eu tant de manipulations et de réglementations, d'interprétations, et tellement de programmation.

Plus important encore, votre pays est devenu gras et paresseux à force de se gaver de boîtes de conserve. Comment cela est-il arrivé ? Par le truchement d'un subtil endoctrinement social. Lorsque vos aïeux engendrèrent vos enveloppes physiques, ils y implantèrent le goût de la liberté. Ils n'étaient pas des Seigneurs de la Guerre. Ils désiraient se tenir loin des batailles. Vous avez un penchant naturel à éviter la guerre... sauf avec votre voisin !

Pourquoi teniez-vous à votre liberté ? Pour vivre dans la joie, la *recherche du bonheur,* vous vous rappelez ? Vous vouliez peiner dans les champs, travailler dans les villes, boire votre bière, empocher votre salaire gagné honnêtement, sortir, faire la fête... aller prendre un lunch. Un lunch ? Pourquoi ne dites-vous pas simplement : « Allons manger ! » Prendre un lunch. Donc, voilà où vous en êtes : vous prenez un lunch, vous vous divertissez après le travail et durant les week-ends et lorsque vous êtes à la maison, vous vous asseyez et vous regardez un écran. Pourquoi est-il allumé tout le temps ce téléviseur ? Tout votre horizon est centré sur cette boîte : elle vous divertit, elle vous hypnotise, elle contrôle vos émotions et votre vie entière est *vécue* à travers les drames dont vous êtes témoin à la télévision. Que vous importe ceux qui dirigent le pays, du moment que vous avez votre salaire, votre bière, vos divertissements et vos vacances... payées.

Ne réalisez-vous pas que cette paisible léthargie est à l'origine de l'attitude caractéristique qui fait que ce pays, donc le *monde,* est mené par des tyrans ? Parce que les gens ne veulent pas qu'on les dérange. Ils ne veulent pas entendre les *mauvaises* nouvelles. Ils ne veulent pas sortir et aller voter... « Quelle chose déplaisante. Surtout quand il pleut... » « Le système ne fonctionne pas de toute

---

*N.d.t. : cette constatation s'applique aussi à votre pays.

façon... » Ils ne veulent pas être dérangés par le processus décisionnel du pays. Ils préfèrent regarder des jeux
télévisés plutôt que de s'informer. Pénible à entendre, n'est-
ce pas ? En d'autres mots, les amants de la liberté sont,
pour la plupart, des créatures du passé.

Chaque personne qui s'est levée et a dit la vérité,
chaque individu qui s'est efforcé de faire la lumière et de
conscientiser la classe moyenne endormie et plongée dans
ses rêves, a été ridiculisé et mis hors d'état de nuire.

L'ironie, c'est qu'ils furent non seulement ridiculisés
par les médias-*gris* au point de disparaître du décor, mais
également par ceux-là même qu'ils tentaient de réveiller.
Écoutez : l'attitude endormie des peuples du monde fait le
travail pour les *Hommes Gris*. Ils réalisent leur rêve.

Les gens sont en train de faire prendre forme à la
vision d'un ordre mondial élaboré par les *Hommes Gris*.
Tout ce que les chaînes de télévision et les journaux ont à
faire est de vous dire que quelqu'un est fou ou dément, ou
qu'il y a eu quelques accrochages dans son passé. C'est
tout ce dont ont besoin les masses endormies pour éliminer un individu du podium. Les gens font cela au *bénéfice*
des *Hommes Gris*.

Les politiciens ne naissent pas...

Maintenant, jetons un regard sur l'Amérique et sur son
dernier roi. Son dernier roi ou... président, comme vous
dites (ce n'est qu'un autre titre, la seule différence est qu'il
ne porte pas de couronne), représentait tout ce que le
peuple américain désirait. Il le représentait vraiment. Par
conséquent, la haute finance le trouvait faible. Il était considéré comme un adepte de la liberté. Il était également
considéré comme étant un personnage célèbre, et les
Américains idolâtrent les gens célèbres. Il était idéaliste et
il a réellement été élu à ce poste. En passant, vous ne
verrez jamais le visage d'un *Homme Gris* dans les journaux ou à la télé. Vous n'entendrez pas parler d'eux, ils
fonctionnent dans l'anonymat. C'est voulu ainsi. C'est
préférable pour les affaires.

Je veux que vous sachiez quelque chose au sujet de
ce dernier « roi » américain (Ronald Reagan). Il *est* un

grand homme. Et il y a également une autre raison pour laquelle il s'est retrouvé à cet endroit. Il n'a pas été tout à fait la marionnette que vous pourriez imaginer. Ce dernier président américain entretient un grand amour de Dieu et de ce qui est droit. Les *Hommes Gris* pensent que quiconque croit en Dieu est un idiot superstitieux. Et ils sont conscients qu'ils peuvent utiliser cette superstition et leur *incrédulité* à leur avantage. Et ils l'ont fait.

Ce dernier président, je veux que vous le sachiez, aime Dieu à sa manière. Pour votre information, il a une conscience très développée. Alors qu'il était en poste, il priait chaque nuit pour obtenir conseil. Je le sais : j'ai écouté. Son désir de revaloriser la machine de guerre américaine partait d'une bonne intention car, à l'instar des gens de la classe moyenne, il voyait que la liberté pouvait être mise en péril à n'importe quel moment par les communistes. Il était très naïf. Il perçut qu'il était important de reconstruire la force de cette grande nation, de façon qu'elle soit à jamais en mesure de protéger ses frontières, ses alliés et son image. Le peuple l'aimait.

Il s'employa immédiatement à réaffecter les centurions à la garde des portes de l'Amérique. Cela nécessita beaucoup d'or et la Réserve fédérale ne fut que trop heureuse de lui en prêter. Alors eux aussi l'ont aimé. Les fabricants d'armes l'ont aimé, car il était en train d'accroître l'armement dans ce pays. Et il était convaincu de faire ce qu'il fallait. Vous devez comprendre cela.

Au cours du déroulement de son mandat, il devint plus conscient de ce qui l'entourait, et de ce qui se tramait *réellement* dans le monde. Il essaya désespérément de changer cela car son âme est toujours habitée par une innocence et un amour de la liberté et de son pays.

Dans une situation de faiblesse, il travailla avec diligence à maintenir les investissements étrangers hors des États-Unis. Il s'apercevait que ces investisseurs avaient un plan derrière la tête en achetant des terres agricoles improductives, des terrains et des sociétés commerciales. Il agit alors dans le but d'empêcher la mainmise étrangère sur son pays car, dans son esprit, les États-Unis appartenaient au peuple. Pas à d'autres, mais à *ses* citoyens.

Et ce fut par un matin pluvieux qu'il prit pleinement conscience des forces occultes qui mènent le monde. Pour la première fois, il comprit pourquoi il ne pouvait prendre les décisions qu'il voulait prendre et il tomba gravement malade. Il ne fit plus confiance à personne. Aviez-vous entendu dire qu'il ne voulait plus parler à personne ? Il ne le pouvait pas. Il n'avait personne à qui faire part de ses sentiments. Ce roi se débattit pour lancer l'idée, via les médias, de créer la Banque centrale des États-Unis, qui deviendrait la banque du peuple américain.

Il entreprit donc, à sa façon, de doter l'Amérique de sa propre monnaie.

L'affaire ne reçut jamais l'attention généralement accordée à ses autres projets. Et l'homme qui devait le seconder dans cette affaire fut limogé. Il s'appelait Volker.

Ce dernier président appartient à un groupe de trois qui feront émerger, en dernière analyse, la République de Solon, la Superconscience.

En passant, je ne vote pas. Je ne fais pas campagne, ceci n'est pas de la politique. C'est Cicéron, un grand écrivain, qui a dit : « Les politiciens ne naissent pas, ils sont excrétés ! » Oui.

Mais cet homme, ce dernier président américain, tâcha de ne pas s'effondrer malgré tout le poids qui pesait sur sa conscience. Et même à la toute fin de son mandat, il s'efforça encore de faire ce qui était juste, mais il ne savait tout simplement pas comment s'y prendre.

Écoutez bien. Il souhaitait la chute du dollar américain. Vous savez, ce papier-monnaie flanqué de l'inscription « En Dieu nous mettons notre confiance ». Il espérait ainsi que si cela se produisait, l'Amérique deviendrait moins attrayante aux yeux des investisseurs étrangers. Les fondés de pouvoir et les grands banquiers se réunirent en l'année 1987 de votre temps. À la fin janvier et également en février, il y eut des rencontres. Les chefs des familles étaient représentés et il y avait une délégation de l'Est extrêmement puissante. À cette réunion, ils devinrent plus conscients des velléités de ce roi et ils décidèrent de le menacer de rappeler leurs prêts.

Le peuple américain est dans l'*impossibilité* de rembourser la dette qu'il a contractée, dette due à sa Réserve fédérale. Les fondés de pouvoir continuent de recourir à la stratégie qui consiste à relancer l'économie en capitalisant sur la naïveté des présidents. Et lorsque Reagan comprit ce qui se passait, ils répliquèrent simplement ceci : « À moins que vous n'augmentiez les impôts pour rembourser cette dette, les financiers qui ont lourdement investi dans votre marché se retireront. Ils vont rappeler leurs prêts. Aucun argent n'entrera plus dans votre pays. »

Qu'est-ce que tout cela veut dire ? Eh bien vous en avez eu un petit avant-goût il n'y a pas si longtemps. Ils sont intervenus à la Bourse. Vous connaissez le résultat : « Le marché s'est effondré », comme on dit. (Ramtha fait référence à la crise boursière d'octobre 1987.)

Et cette chiquenaude était seulement pour vous démontrer qu'ils peuvent serrer la vis.

Qu'est-ce que cela signifierait si ce petit pays appelé le Japon, dont le peuple surmonte ses dettes misérables, si ce petit pays donc retirait tout son argent du marché américain ? Il suffit d'un homme qui possède la majorité des actions en ce moment pour créer une crise absolue. Et un tel homme est un des individus qui menace de le faire.

Ceci s'intègre à un autre plan des *Hommes Gris,* à savoir que l'Amérique ne soit plus réellement un pays souverain, mais devienne plutôt dépendante de son commerce extérieur. De cette façon, les États-Unis ne peuvent fermer leur porte au commerce extérieur, même s'ils achètent plus de produits importés que de produits de chez eux.

Et personne ne désire vraiment acheter leurs produits. Les autres pays sont trop occupés à bâtir leur *propre* économie. Un marché a été conclu au désavantage des Américains. Il les empêche notamment d'imposer des réglementations à un autre pays et de freiner les importations.

Terminée donc la politique de la porte fermée. Puis vint une loi les forçant à acheter ces produits importés, car, voyez-vous, les *Hommes Gris* sont aussi propriétaires des autres pays. Et ils ont dit au président : « Vous allez rembourser ce prêt. Vous allez imposer votre peuple. Vous allez réduire leurs salaires. Vous allez geler les achats et le peuple américain devra en payer le prix. Parce que si vous ne le faites pas, c'est ce que nous allons faire. » Et ce dernier président hésitait à augmenter encore les impôts plus qu'ils ne l'étaient déjà.

Il ne broncha pas, même s'il commençait à être ridiculisé publiquement. Comment l'avez-vous appelé vers la fin de son mandat? Un âne boiteux? Un âne ou un canard, peu importe. S'il vous plaît!

Vous dites des choses bien pires que celle-là. Que signifie canard boiteux? Vous le ridiculisiez ouvertement. Et les hommes qui sont *Gris* savent parfaitement bien ce qu'ils font. Parce que maintenant, les représentants de l'Ordre mondial unique sont regroupés dans une formation spécifique.

Et ils poussèrent encore plus loin dans l'opération discrédit à l'endroit de ce dernier roi. Ils le dépeignirent comme étant vieux, décrépi et incapable de penser correctement. C'était plutôt le contraire! Ils voulaient que vous pensiez cela car ils s'apprêtaient à lui donner le coup de grâce.

À l'appui de mon propos, j'ajouterai ceci : les gens ne veulent pas de hausses d'impôts. Aussi les Américains s'écrient-ils : «Non! Non! Non!» Puis ils changent de chaîne... de télévision, bien entendu. (Ici, Ramtha fait une blague sur le fait que les Américains *zappant* changent de chaîne, chaîne se traduisant en anglais par «channel», mot qui réfère également au phénomène du channeling dont nous avons fait mention au début de ce volume.) C'est une petite plaisanterie, oui, une plaisanterie céleste!

Ce dernier président, Reagan, ne bronchait pas ; il n'augmentait pas les impôts. Vers la fin de son mandat, il ne s'ouvrit qu'à sa femme, car il ne faisait confiance à personne. Il sentait qu'il ne pouvait parler à qui que ce soit et priait sans cesse pour être guidé. Et maintenant les Américains ont un nouveau roi!

Ceux qui secouent les arbres

Les *Hommes Gris* voulaient «secouer quelques arbres» simplement pour faire comprendre à certaines personnes à quel point ils sont puissants. Pour réveiller cette merveilleuse et léthargique société américaine, ceux qui tirent les ficelles du marché boursier exécutèrent un petit numéro. Ce n'était qu'un avertissement, mais ils désiraient que cela soit assez catastrophique pour attirer toute l'attention du public sur la dette nationale. Ils voulaient que vous pensiez que la dette nationale américaine avait provoqué l'effondrement du marché.

Ce n'est pas pour cela qu'il s'est effondré ! Il était prévu qu'il s'effondrerait. Ce fut une opération comme une autre. Et que leur importe ce que vous avez perdu dans ce jeu ? Cela les laisse froids. C'est eux qui impriment l'argent. Si toutes vos économies accumulées étaient investies, pensez-vous que cela les préoccuperait ? Non, ça ne les préoccuperait pas. Ils font partie de l'élite. S'ils ont besoin de plus d'argent, ils en *impriment*. Ils ont orchestré la chute de 500 points du fameux Lundi noir pour créer une pression. Qu'est-ce qu'on a dit cette semaine-là ? « Il est urgent de se réveiller et de faire quelque chose au sujet de la dette nationale, car l'Amérique est en faillite... Ils réclament le remboursement de leurs prêts, ils retirent leurs capitaux. » Pourquoi notre économie est-elle si chancelante, au bord de l'agonie ? « Même les investisseurs étrangers reculent.»

Tous les Américains qui jouent à la Bourse se tournaient vers Reagan en criant : « Vous devez faire quelque chose ! Je suis en train de tout perdre !» *Quelle façon merveilleuse pour les Hommes Gris d'obtenir ce qu'ils désirent !*

Le fil conducteur est que pour protéger leurs investissements, les Américains sont prêts à payer plus d'impôts pour rembourser un prêt qui ne le sera jamais.

À ce moment, le roi Reagan n'avait plus personne à qui parler. Non seulement ressentait-il la pression de son entourage, mais il avait compris où logeait le vrai pouvoir dans ce monde. Et il arpentait sa Maison-Blanche ces derniers mois en murmurant : « Dieu nous vienne en aide. Dieu nous vienne en aide. » Et il ressentait la pression des médias, car tout le monde voyait cette « ... *horreur cauchemardesque* ! L'économie mondiale chancelante à cause des dépenses sans frein de l'Amérique », à cause de *leur* endettement. Et les Américains ont joué exactement le jeu des *Hommes Gris*.

Pensez-vous qu'il y a beaucoup de pays très satisfaits de l'Amérique et de l'état de leur propre économie en ce moment? Que croyez-vous qu'ils pensent de l'Amérique? Ce qu'on leur dit d'en penser.

Et Reagan dit avec aplomb : « Nous allons en parler. En effet, nous allons envisager d'augmenter les impôts. » Il ne le voulait pas, mais on le pressait vigoureusement de le faire.

Et à la fin, mes amis bien-aimés, vous allez vous retrouver accablés par des impôts impitoyables.

Votre niveau de vie ne s'améliorera plus. Le revenu que vous procure votre travail n'augmentera plus. Autrement dit, vous travaillerez aussi fort, sinon plus fort qu'avant, et vous ne ferez pas plus d'argent. Et vous, aînés merveilleux, qui avez investi de l'argent dans votre gouvernement (ou plutôt devrais-je dire, il est allé le chercher dans votre poche) pour vous ménager un endroit où vivre vos vieux jours, eh bien, vous ne verrez pas la couleur de cet argent parce que ce système de sécurité sociale est lui aussi en faillite.

Et les fermiers de votre pays continueront d'être acculés à la faillite, comme cela arrive tous les jours. La classe moyenne porte sur ses épaules le poids de l'élite et de la foule dans les rues ; elle assumera bientôt un impôt écrasant dans le but de prendre soin de tout le monde. Tout le monde. Cela fait partie de l'effort des *Hommes Gris* pour briser la recrudescence possible du pouvoir dans votre pays.

Vous devez travailler dur en échange d'un pouvoir d'achat décroissant et plus vous devenez dociles, plus vous faites partie de leur Ordre mondial unique.

L'homme impliqué dans le scandale du Watergate, comment s'appelait-il ? Qui était le roi ? Nixon ? Vers la fin de son règne, il entreprit de faire la même chose que le dernier roi, Reagan. Il était au courant de la situation de l'or en Amérique. Il savait que les prix du pétrole étaient fixés d'avance. Il connaissait bien toutes les questions qui étaient sur la sellette. Il essaya, à la fin de son règne, d'attirer sur elles l'attention du public. Quel fut le résultat de sa volte-face à l'égard de ceux qui l'avaient appuyé ? Ils montèrent un scandale pour l'éliminer. Car, en fait, quel crime avait-il commis ?

Je ne vous ai pas brossé un très joli tableau. Je serais beaucoup plus heureux de causer avec vous d'autres sujets célestes, du Dieu à l'intérieur de vous et de toutes ces choses merveilleuses qui logent au sommet de l'expérience humaine.

Vous ne vivez pas à l'Âge de l'Illumination. Vous vivez à l'Âge des Tyrans et cela dure depuis un bon moment déjà. Les *Hommes Gris possèdent* le monde. Ils ne voient pas le monde comme étant constitué de démocraties individuelles et de pays distinctifs. Ils ne connaissent pas les frontières. Les lois ne les préoccupent pas parce qu'ils font la loi. Ils *possèdent* le monde parce qu'ils contrôlent l'argent, qui mène le monde.

L'Amérique, par exemple, n'est plus vraiment le havre de la liberté qu'elle devrait être. Jadis elle le fut.

Vous, vous êtes endormis, vous avez papoté, discuté longuement et paresseusement. Vous ne vous êtes pas dressés avec la ferveur des défenseurs de la liberté, pour dire : « Assez ! » Car que pourraient treize familles et des banquiers internationaux contre une nation entière qui en a ras le bol ? J'ai emprunté ce terme parce que je comprends ce qu'il signifie pour vous : sérieusement en colère, oui !

Leur soif du pouvoir n'a pas de limite

Qu'est-ce que la vie ? Quelle serait la façon de la vivre ? Que signifierait vivre sa vie en dehors de vos structures et de votre endoctrinement ?

La plupart d'entre vous ne pourrait même pas concevoir de vivre sans argent. Vous voyez la souveraineté uniquement sous l'aspect de votre liberté de choix. Vous considérez comme faisant partie des choses normales de la vie des situations telles que peiner sous le joug d'un impôt impitoyable, vous endetter et gagner un salaire inférieur. En les acceptant, vous renoncez à la souveraineté.

La souveraineté est un état de liberté absolue où rien ne vient vous dominer. Il y a des gens auto-suffisants chez vous.* Ils ont bâti leur vie à partir de la terre qui les nourrit et ils sont des gens libres. Bien entendu, ils ne suivent pas la dernière mode, comme vous diriez. Ils ne possèdent pas nécessairement d'automobile. Ils ne portent pas de vêtements parés d'or et d'argent. Ils n'ont pas de soie ni de tapis persan sur leur plancher et ils ne mangent pas dans de la vaisselle en argent. Mais ils sont *libres* et ils l'ont été depuis un bon bout de temps. Ils sont libres parce

---

*N.d.t. : Ramtha parlait plus précisément des Amish aux États-Unis.

qu'ils ne gagnent aucun revenu et ils vivent des produits de leur terre et de ce qu'ils peuvent échanger et négocier.

Mais, pour la plupart, les Américains ne peuvent vivre sans leurs hamburgers. Vous ne pouvez pas concevoir de ne pas faire d'affaires avec votre banque. Vous ne pouvez pas concevoir d'achat sans « la carte », parce que c'est « chic » et que vous êtes une personne « branchée ». Et vous ne pouvez pas concevoir de vivre sans tout ce qui vous entoure. Si seulement le dernier roi américain (Reagan) avait eu le courage de résister en dépit de toutes les circonstances. Vous devez comprendre : les gens en Amérique ne savent pas ce qui se passe. Ils ne connaissent que ce que la télé leur transmet. Si ce roi avait pu tenir jusqu'au bout, les *Hommes Gris* auraient déclaré la guerre à l'Amérique et leur marché boursier serait tombé en ruine dès l'ouverture du *jour suivant,* car ils en contrôlent l'activité.

Ils auraient retiré tout leur argent investi dans ce gouvernement et exigé le remboursement de leur prêt. Mais en quoi consiste ce prêt ? Simplement en du papier. Les gens de ce pays auraient vécu une dépression sans précédent, certainement la plus sévère jamais vécue par beaucoup d'entre vous.

Et pourtant, en définitive, c'eut été la meilleure occasion de vous libérer des tyrans qui contrôlent et règlent vos vies. Car comment les *arrêterez-vous* de régir la vie de vos enfants et des enfants de vos enfants ? Quand la liberté s'affirmera-t-elle ? Personne ne comprend cette simple manœuvre ni ne peut en voir la manifestation future, car la plupart d'entre vous n'avez jamais cherché à y voir clair.

Mais tel que prévu en cette heure, vous *serez* imposés de nouveau. Et votre revenu sera gelé ou amoindri. Et vous serez *douloureusement* astreints à payer pour quelque chose qui ne sera *jamais* payé. Telle est la situation à l'heure qu'il est.

N'en ont-ils pas assez ?

Quel est le but de ces *Hommes Gris* ? Qu'est-ce qu'ils veulent au juste ? Ça ne leur suffit pas de posséder tout l'argent du monde ? N'est-ce pas assez ? Ça ne leur suffit pas de contrôler les compagnies qui possèdent tout le pétrole du monde ? Pensez-vous que les Arabes sont propriétaires de leur pétrole ? Non. Ils étaient de naïfs nomades qui empruntèrent pour développer leurs champs pétrolifères. Comment auraient-ils pu bâtir leurs raffineries autrement ? Ils ne sont pas propriétaires de leur pétrole, ils ne possèdent que du sable brûlant soulevé par le vent.

Les *Hommes Gris* n'en ont-ils pas suffisamment ? Que peuvent-ils vouloir de plus ? Ils détruisent la forêt vierge. Savez-vous pourquoi la forêt vierge est détruite dans l'hémisphère Sud ? Est-ce que cela vous préoccupe ? La destruction de la forêt vierge est perpétrée par les investisseurs immobiliers, les banquiers et les développeurs. Pensez-vous que ça les dérange de savoir qu'ils sont en train de détruire l'atmosphère qui compose votre ciel ? Ils n'en ont cure. Ils agissent par cupidité, par soif du pouvoir. Quelle sorte d'air allez-vous respirer ?

Qu'est-ce qu'ils veulent au juste ? Ils veulent le pouvoir absolu, le pouvoir absolu pour créer l'Ordre mondial unique auquel ils aspirent. Bien que se présentant actuellement sous des noms différents, que signifie réellement l'Ordre mondial unique ? Que le monde entier serait une nation sans frontières visibles, gouverné par une sorte de fascisme social. L'élite vous imposerait sa loi à tous et vous seriez asservis. L'argument à l'appui de cet Ordre mondial unique est qu'il n'y aurait plus de guerres. Et on vous affirmera que sous un gouvernement mondial, tous sont égaux. Excepté l'élite. Et l'élite permettra à l'humanité de progresser à l'abri des révolutions, des guerres, de la peste, tout cela afin de consolider son aristocratie.

En d'autres mots, la classe moyenne de l'Amérique et les gens libres qui vivent en des contrées éloignées que vous ne connaissez même pas, deviendront effectivement des esclaves. Et beaucoup d'entre vous le méritent car vous avez créé les conditions rendant possible l'avènement de cette situation. Vous voulez que l'on vous dise quoi faire, que l'on décide à votre place. Vous ne voulez pas être ennuyés par tout cela. Vous voulez que quelqu'un vous dise ce qui se produira l'année prochaine, pour ne pas être dérangés. C'est cela un Ordre mondial unique.

Maintenant, nous arrivons au cœur du sujet. Cet Ordre mondial unique a besoin de l'existence d'une Banque mondiale pour prévaloir. Alors pourquoi continuer de se tracasser avec des roupies, des yens, des marks, des francs, ou des dollars? Ce sera leur raisonnement pour vous convaincre. Ils vous diront: «Pourquoi devons-nous nous préoccuper des fluctuations de l'économie? À cause du traumatisme que cela cause aux marchés boursiers et financiers dans le monde! Eh bien, jusqu'ici, nous avons dû nous en préoccuper. Mais, dorénavant, ce ne sera plus nécessaire.»

Plutôt que d'imprimer de la monnaie sans valeur, handicapée par des fluctuations considérables, ils émettront une carte universelle, appelée la CARTE DE DÉBIT. Vous en avez entendu parler? Une petite carte qui vous permettra de vous rendre n'importe où dans le monde, de pointer à l'endroit de votre choix et que tous accepteront volontiers.

Par contre, il y a un petit problème relié à cette carte, juste un tout petit, minuscule problème de vie privée et de liberté. On saura tout sur chaque détenteur de cette carte. On connaîtra tous vos achats, tous vos déplacements. On saura tout ce que vous faites! Il n'y aura plus de liberté ni de vie privée, car, sans cette carte, vous ne pourrez ni acheter ni vendre quoi que ce soit. Votre mode familier de transiger les dollars en décimales et en cents, ou les francs et les centimes, tout cela sera éliminé. Chacun se verra attribuer un numéro. Et ce sera votre numéro jusqu'à la fin de votre vie. Et tous ceux qui auront un numéro auront un dossier. Et quiconque voudra sortir du rang sera simplement mis au pas.

Qu'arrivera-t-il le jour où, allant faire votre marché, vous voudrez payer votre pain en dollars et en espèces sonnantes et que le commis vous répondra: «Nous n'acceptons plus le papier-monnaie, nous ne prenons que la carte.» Et vous vous rendrez chez le boulanger et il vous dira la même chose. Et vous passerez votre journée entière à essayer de vous procurer une miche de pain que personne ne vous vendra, parce que votre argent n'aura plus aucune valeur pour les marchands. Vous retournerez bredouille à la maison, car vous n'aurez ni jardin ni provisions amassées ; vous appartiendrez à la cohorte des citadins affamés. Et la seule manière que vous aurez de vous procurer du pain sera d'accepter la carte.

Grâce à votre carte, vos taxes et impôts seront automatiquement prélevés à même votre compte ; vos comptes de banque automatiquement mis à jour ; vous ne verrez jamais d'échange d'énergie pour votre travail, car votre salaire ira électroniquement de votre employeur à votre banque. Et chaque article que vous achèterez sera automatiquement porté au débit de votre compte. D'ailleurs, c'est déjà commencé.

On a proposé cette carte magique aux Australiens. Ils en furent tellement outragés qu'ils votèrent contre. Ce fut très osé de la part des *Hommes Gris* que de passer par un vote public. Et leur manœuvre fut adroitement déjouée. Telle fut la réaction de ce peuple de l'hémisphère sud. Même la personne la plus candide comprit les implications de la Carte.

Aux États-Unis, l'institution de la carte se fait très subtilement. On ne vous dira rien à moins que vous demandiez à votre banquier : « Est-ce que j'ai une carte de débit, une fiche de débit ? » En Amérique, la vente de la carte est moussée à coup de campagnes publicitaires. Les réclames : un crieur sur la place publique. On s'organise pour tout automatiser et programmer de façon à pouvoir tout entrer sur la carte. Vous pouvez maintenant acheter jusqu'à une maison avec une carte. « Portez-la à mon compte. » Oui, c'est la vérité ! Portez au compte ceci, portez au compte cela. Tout est mis sur le compte.

C'est une façon de vous préparer lentement à la carte — la carte ultime. Ils vous la vendent de la même façon qu'ils vous ont toujours tout vendu. Que ce soit pour vous faire voter pour un politicien, ou pour vous impliquer dans une guerre, pour vous faire voter une loi, ou vous faire acheter du savon à lessive. Ils vous ont toujours tout vendu. La vente de la carte est déjà en cours — la carte ultime prendra soin de tout !

Êtes-vous prêt à encaisser un choc ? La majorité des gens qui liront ce livre et qui font affaire avec une banque, ont déjà leur numéro. C'est exact. Ceux d'entre vous qui utilisent la séduisante carte de plastique deviendront bientôt, subtilement et à leur insu, détenteurs d'une carte de débit. La propagande a déjà débuté.

Mais une autre manœuvre se prépare. Avant que la carte de débit ne puisse vraiment être implantée, le marché boursier américain doit être démoli. Car il affecte tous les autres. Alors, les marchés boursiers seront remplacés par le conseil de gestion économique du Nouvel ordre mondial. Par conséquent, le marché boursier américain doit s'effondrer. Lorsqu'il s'effondrera, tous les autres seront aspirés dans le vide ainsi créé et dans les tentacules des administrateurs de la carte de débit.

Le marché américain est déjà en train de tomber en ruine, car ce qui s'est produit il n'y a pas très longtemps de cela était une leçon à l'intention du gouvernement américain*. Quelle leçon? Éveiller la population et la faire descendre dans la rue. Car les gens peuvent être très gentils jusqu'au moment où il est question d'argent. Alors ils peuvent devenir très hostiles. Agissant plus ou moins dans l'ombre, l'Ordre mondial universel est déjà installé à divers niveaux dans différents pays à travers le monde.

L'ego altéré de l'homme, le soi altéré, est l'image à laquelle je me réfère lorsque je parle de l'Antéchrist. Et en vérité, cette démarche actuelle vers le contrôle ultime n'émane pas de la divinité à l'intérieur de l'être humain, cette vertu et cette gloire qui est à l'intérieur du grand ego.

Ce qui est en train de se passer dans le monde provient d'une image pour laquelle les âmes des *Hommes Gris* ont vécu, vie après vie. C'est la répétition constante, le fait de toujours réprimer cet aspect divin permettant à l'évolution de l'esprit humain, la destinée manifestée de Dieu, de s'accomplir.

Certains croient aux démons, à Satan et tout ce qui s'y rapporte, mais il n'existe pas de telles entités. La méchanceté est un choix, un simple processus de bien et de mal sous la forme d'un ego altéré, un *vous* même altéré. La malice est un état émotif naturel à l'intérieur de l'ego altéré. Lorsque je parle de méchanceté ou de malice, je ne fais pas référence aux crimes envers l'État. Je parle des crimes perpétrés contre soi-même, et du reflet de sa propre méchanceté sur son voisin.

---

*La crise boursière d'octobre 1987.

L'ego altéré choisit la tyrannie en même temps que ses propres représailles. La malice se situe, par choix, dans l'image de l'homme et de la femme, car par choix nous pouvons aimer plutôt que haïr. Par choix, nous pouvons être tolérants plutôt qu'intolérants. Par choix, nous pouvons engendrer la gentillesse de l'esprit, plutôt qu'un esprit impitoyable. Par choix, nous pouvons tolérer plutôt que faire la guerre. Enfin, nous choisissons inévitablement ce que nous vivrons dans notre incarnation. La malice est un choix que fait l'individu. Le fait de réprimer un autre individu sous le couvert et dans le but de glorifier votre propre image est une tyrannie. La répression de votre voisin, de votre amant ou de votre maîtresse, de votre mari ou de votre femme, ou de vos enfants est tyrannique. Si l'acte de répression est commis par l'image de l'ego altéré, c'est de la méchanceté. Et lorsqu'il est commis à l'échelle mondiale, c'est également malicieux, et librement choisi.

L'ego altéré d'un homme est très différent du reflet intérieur de son âme et de son esprit. Ils sont presqu'en complète juxtaposition l'un (ego altéré) avec l'autre (âme/esprit). La conscience, le sens de la droiture, en vérité l'amour, la tolérance, le don de soi, la compassion, l'amour du Tout qui est la complexité de la vie — tout cela réside dans l'âme. Mais ces sentiments de plénitude totale et de grandeur splendide sont réprimés pour la gloire de l'ego altéré, en fait l'Antéchrist. Il n'y a pas un seul *Homme Gris* qui ne soit habité par Dieu. Ils ne sont pas malicieux en leur âme et ceux qui sont à leur service ne le sont pas non plus. Ils ont facilité, par choix, leur image et la soif du pouvoir, ce qui constitue le sommet de l'ego altéré. Bien que cette soif du pouvoir soit infinie, elle peut être changée en l'espace d'un instant.

Ce n'est pas suffisant pour eux de posséder tout l'or du monde, tout le carburant fossile de la terre et de détruire la forêt vierge au nom du développement. Ce n'est pas suffisant d'opposer des frères entre eux par cupidité. C'est cela le pouvoir. Mais le comble de l'extase pour l'image est de posséder le monde et d'être « Le Souverain ».

Ces *Hommes Gris* sont poussés par leur héritage, leurs visées et leurs objectifs, vers ce qu'ils doivent accomplir. Leur but n'est pas différent du vôtre. Votre but est la souveraineté personnelle. Le leur est le pouvoir absolu — les deux viennent de la même énergie. Il faut qu'ils le réalisent. C'est leur destinée. La destinée ultime de l'ego altéré est le pouvoir. Et la cupidité — la cupidité — c'est la façon de l'acquérir. Un homme pauvre peut acheter le respect en un clin d'œil s'il devient un héritier. Et un homme riche craint de tout perdre en devenant pauvre.

Les *Hommes Gris* sont traumatisés par leur ego altéré. Même à l'intérieur de leurs familles, ils se haïssent les uns les autres. Pourquoi ? Parce que l'un d'entre eux est le numéro Un — je désigne sous le nom d'Ishna — mais ils désirent tous être le premier, donc ils se haïssent les uns les autres et ils se font entre eux de violentes guerres. Et souvent des milliers de gens périssent à la suite d'une simple dispute et cela les laisse indifférents.

Et la bête se nourrissait d'un nombre

Ces entités, les *Hommes Gris,* se préparent à cueillir les lauriers de la victoire ultime, car leur plan à long terme a réussi jusqu'ici. Et quiconque s'est dressé sur leur chemin a été éliminé. Ils l'ont retiré du décor. Les *Hommes Gris* sont en marche et ils sont obsédés par leur but.

Il n'y a que la connaissance qui puisse extirper cela de cette dimension-ci de la vie. La connaissance, c'est-à-dire vous qui vous réveillez ! Une seule partie de votre Livre des livres, ne fut pas altérée : *l'Apocalypse* selon Saint-Jean. L'auteur a prophétisé des choses hideuses pour la fin des temps. Eh bien, si vous étiez Saint-Jean et qu'un ange faisait apparaître un ordinateur devant vous, un très grand ordinateur, clignotant, bourdonnant, ses rubans magnétiques tournoyant, vibrant et menaçant, et que vous n'ayez jamais rien vu de tel auparavant, ne le compareriez-vous pas à une bête ? Évidemment !

Jean a eu la vision concrète des moments culminants de l'époque actuelle. Et la bête se nourrissait d'un nombre, le 666. En avez-vous entendu parler ? Oui, c'est devenu en quelque sorte un chiffre qu'on évite de porter sur soi. Mais 666, c'est le nombre six, il signifie le chiffre de l'homme. Et 666 signifie une marque de l'or. Et le relief de la bête représente la bête en train de mettre en relief le six, qui symbolise le chiffre de l'homme et 666 sur un montant en or.

Ceux qui acceptent cette carte de débit deviendront la propriété de cet Ordre mondial. Ils auront abandonné leur liberté et leur dignité. Ils se seront rangés du côté de la bête et, en vérité, du côté de l'existence athée de leurs contrôleurs. Vous abdiquez le choix et la liberté absolus lorsque le vide devient si intense qu'il crée l'effondrement. La loi de cet effondrement est le changement et ceux qui adopteront la carte seront changés.

La prophétie de Jean est à juste titre véridique et elle est en marche, poussée vers la manifestation, et elle passera. Pourquoi vous conseille-t-on de ne pas adopter la carte ? C'est par référence au choix. Rappelez-vous le choix : c'est à vous que revient la décision, vous êtes libres de décider. Vous pouvez aller et venir comme vous le voulez. Vous pouvez choisir de croire ou de ne pas croire ce communiqué. Vous pouvez choisir toute chose dans votre réalité, ce que la majorité d'entre vous a fait depuis le début de cette existence. Vous avez même choisi de quelle manière vous reviendriez génétiquement, oui vous l'avez fait. Vous avez sélectionné cet espace/temps pour ses promesses d'aventures et vous ne serez pas déçus.

La fin du temps

Qu'advient-il de l'inaliénable loi de Dieu lorsque le choix et la vie n'existent plus ? Et qu'advient-il à l'être humain glorieux lorsque son droit divin de choisir est anéanti de façon innée ? Ce qui vient à l'horizon vous retirera le droit absolu de choisir librement.

Et ce que vous avez créé ainsi est la fin du temps, la fin du temps qui s'écoule. La fin du processus d'évolution de la vie. La fin de la création (à l'intérieur de votre réalité), de tout ce qui est nécessaire à l'âme immortelle pour évoluer vers cet être humain immaculé. La fin de la chance de vivre la Lumière du Christ.

Mais cela demeure une question de choix. Cela demande le courage de changer et d'aller de l'avant, face à l'inconnu, par amour de l'aventure. Mais c'est uniquement dans l'inconnu que l'on peut évoluer, en vérité, que l'on peut changer.

Vous ne pouvez évoluer dans votre aventure sans changer. Et le changement se fait par choix, en vérité, c'est une option. Le changement est naturel, oui, c'est la nature, le tout à l'intérieur du Tout. Mais lorsque l'option de changer n'existe plus, lorsque vous ne pouvez plus évoluer à cause d'un contrôle fallacieux, alors la vie telle que vous la connaissez, qui était la gloire de Dieu telle que vous l'avez exprimée, cette vie prend fin. Et ce serait vraiment la fin. Car à quoi servirait à Dieu de s'incarner dans la chair humaine si l'humain ne trime plus et ne se dépasse pas ? En effet, quelle est l'utilité d'une enclume ? D'une charrue pour labourer ? Quelle est l'utilité de la terre et de la moisson lorsqu'il n'y a pas de liberté pour l'apprécier ? Et quelle est l'utilité du rire des enfants, s'ils sont bientôt mis en esclavage ?

Il n'y a alors aucun but à la vie, pas de raison de vivre. Que pourrait être le but de la vie si la liberté de choisir était abolie ?

C'est à ce moment que vous entendrez une voix grandiose dont l'écho se répercutera jusqu'aux étoiles les plus éloignées, une voix émanant de tout ce qui est vivant, qui dira : « C'est fini ! »

Alors commencera la Superconscience.

Vous vivez les moments les plus épiques de l'aventure humaine

Le choix est très précieux durant ces jours qui sont les vôtres. Oh, je sais, vous mettrez ce livre de côté et continuerez à percevoir le monde sans inquiétude. Il y a de la nourriture sur les étagères. Vous êtes au chaud, trop même dans votre maison. Vous n'avez pas à vous salir les mains. Votre amant, ou votre maîtresse vous appelle, ou vous l'appelez, selon votre mode de fonctionnement. Les choses semblent être plus réelles, sans menace. Vous regardez à l'extérieur et tout n'est que paix et tranquillité. Les oiseaux chantent, les animaux vont et viennent. Comment une partie quelconque de cette vérité pourrait-elle cadrer avec un certain ordre naturel ? Eh bien, c'est parce que vous ne voyez que ce que vous désirez voir. Vous n'entendez que ce que vous voulez entendre et vous avez concédé ce que vous avez bien voulu concéder. Mais vous vivez les moments les plus épiques de l'aventure humaine. C'est vraiment la fin de cette aventure, où le choix et le droit inaliénable de choisir, cette lumière déposée en vous par le créateur, cela arrive à sa fin.

Vous savez, la guerre des ténèbres et de la lumière a été prophétisée depuis longtemps. Elle se produit à plusieurs niveaux. Vous devez vous rappeler que si les ténèbres et la lumière engageaient une bataille, ce serait un événement très particulier à voir, car vous pensez que la lumière pénétrerait les ténèbres, ou vice versa.

Mais ce dont je suis en train de parler, c'est d'une liberté invisible qui en arrive au point où elle doit décider si elle continue d'exister dans un monde où tout semble être normal.

De même que vous avez le choix de lire ou de ne pas lire ceci, de même effectuerez-vous des choix dans les temps à venir et ils conditionneront le reste de votre vie. Et qu'est-ce qui a vraiment de la valeur si vous ne pouvez plus vivre la gloire de Dieu en vous-même, telle une lumière brillante et absolue ? Et qu'en est-il vraiment de la liberté ? De quoi s'agit-il quand vous avez la liberté ? C'est le droit de choisir. C'est le droit de vivre, démontré de façon si merveilleuse. Et lorsque vous n'avez plus ni le droit de choisir ni le droit de vivre, vous avez tout perdu.

L'ego altéré des *Hommes Gris* a peut-être créé les individus les plus sagaces que vous puissiez connaître, car ils connaissent la nature humaine. Ils savent combien vous êtes esclaves de vos désirs. Et ils savent ce que vous voulez entendre et ce que vous ne voulez pas entendre. Ils savent comment vous flatter et comment vous menacer. Ils comprennent l'ego altéré, car c'est essentiellement sur lui qu'ils jouent. Ils savent comment jouer sur votre patriotisme, votre liberté, votre abondance.

Le piège est appâté

Votre économie est en train de changer radicalement. D'après ce qu'on peut voir actuellement, le marché boursier américain, si important pour ce pays, se dirige vers ce qui semble être une destruction totale dans un avenir assez proche.

Il se redressera encore et se débattra pendant trois années supplémentaires, sans vraiment faire de progrès.

Cela mettra les gens dans une humeur criarde et ils demanderont une réforme. Et cette réforme viendra. Les changements qui se produiront à partir de ce moment seront dramatiques.

Je désire que vous sachiez ceci : « Les Américains ont hérité d'une bonne partie de tout cela. Ils sont venus sur ce plan, dans ce pays qui est le leur, dans ce corps, héritant souvent l'ignorance de leurs parents et le fait de croire sur parole. La plupart des gens pensent que la Réserve fédérale américaine est la propriété du gouvernement fédéral américain. Elle ne l'est pas. Chaque pays important possède sa propre banque centrale. C'est cette réalité, mes entités bien-aimées, qui tire sur les ficelles du porte-monnaie. C'est une famille qui tire sur les ficelles de votre porte-monnaie, non votre pays.

Le piège

Sur le plan économique, vous pouvez vous attendre à des temps difficiles, parce que pour vous faire désirer la prochaine étape (de leur plan), vous devez passer à travers peine et douleur. La plupart d'entre vous accepterez ce fardeau, cette dette nationale, car vous ressentez comme étant de votre devoir de résoudre ce problème.

Il y a toujours eu un piège. Cela me laisse indifférent, quand bien même vous désireriez argumenter au sujet des intérêts supérieurs, ou encore dire que, sans les guerres, la peste et la cupidité, il n'y aurait jamais eu de développement technologique… Si ! Il y en aurait eu. Et vous n'auriez pas des gens qui abandonnent leurs fermes qui les a nourris, eux et beaucoup d'autres, pendant des générations. Mais, maintenant, ça se fait, et voilà qu'apparaissent des terres abandonnées. Et sans cette cupidité, vous n'auriez pas une atmosphère au-dessus de votre Terre qui devient plus nocive à chaque instant, avec des trous qui se développent à plusieurs endroits et dont vous entendrez bientôt parler. Des trous dans votre atmosphère !

Le prix naturel de la cupidité

Qu'est-ce que cela représente pour vous, maintenant, au moment où vous lisez ceci ? Cela signifie beaucoup. Car sans cette cupidité perpétrée contre vous, il n'y aurait pas eu de destruction massive. Sans cette cupidité, ni la vie animale, ni vos grandes forêts ne seraient en train de mourir. Et sans la cupidité vous n'auriez pas eu de répression du génie et il y aurait eu davantage de démonstrations ingénieuses et d'inventions basées sur autre chose que les carburants fossiles. Vous ne pouvez pas vous permettre de mettre ouvertement au point de nouvelles sources d'énergie. Les grandes idées sont mises en veilleuse à cause de la cupidité !

Vous déversez des poisons dans la mer... la mer qui baigne tout sur terre. Et cela se fait depuis si longtemps que des bancs complets de poissons en meurent. Ils se jettent sur vos plages, en criant : « À quel autre endroit puis-je aller, puisque je respire et mange vos excréments et vos poisons ! Où puis-je aller ailleurs que sur la terre ferme, pour que vous constatiez ce que vous êtes en train de faire ? »

Sans cette cupidité, vous n'assisteriez pas à la mort de ces forêts vierges. Sans cette cupidité, vous auriez un climat normal et la nature serait en mouvement continu sans éruptions intermittentes. Et vous pourriez poursuivre votre évolution.

Tout le monde doit gagner sa vie, dites-vous ? Oui, c'est une vérité. Mais tous n'ont pas été suffisamment informés des lois qui leur ont permis de gagner leur vie. Votre futur se manifeste déjà aujourd'hui, cette manifestation résulte du fait qu'on lui permette d'exister.

C'est là qu'en est votre monde. Et c'est ce qui s'est produit et qui continue de se produire. Ce n'est ni bon ni mauvais, c'est simplement la réalité. Chaque fois que vous faites démarrer votre voiture et que vous appuyez sur l'accélérateur, vous agrandissez les trous dans la stratosphère. Vous êtes accablés par cela, mais que pouvez-vous y faire ? Vous devez continuer de vous déplacer ? Mais vous êtes accablés ! Qu'allez-vous faire ?

Vous êtes réellement dans le pétrin, oui, vous l'êtes. C'est là un trait commun accepté et attendu chez l'homme et la femme cosmopolites. Et chaque fois que vous achetez un hamburger, vous favorisez la destruction des forêts autour du monde. En effet, ces forêts doivent être détruites pour que les bestiaux puissent paître dans le but de satisfaire cet appétit insatiable pour les hamburgers. Et chaque fois que vous jetez le contenant du hamburger, tous les gaz contenus dans cette boîte se logeront dans la stratosphère. Mais c'est un contenant jetable. Alors, pourquoi s'en faire ?

Il y a des changements en perspective, reliés aux jours à venir, qui vous concerneront vous et la nature. Je vous dirai ceci, pour votre plus grand bénéfice : commencez à vous enraciner dans la nature. Votre plus grande chance de répit réside dans le mouvement évolutif de la Terre, alors qu'elle entreprendra de guérir les multiples plaies faites à son corps. Et en cours de route, elle peut détruire les ordinateurs et le système bancaire mondial. Parce que, vous savez, une faille sismique ne se préoccupe pas de ce qu'il y a au-dessus.

Où seriez-vous sans la nature ? Sans la Mère qu'est la Terre ? Sur quoi vous tiendriez-vous ? Où construiriez-vous votre maison ? Où expulseriez-vous vos excréments ? Où seriez-vous sans cet organisme qu'est votre terre ?

À cause de votre soif du pouvoir, vécue intensément à travers la cupidité, l'humanité, hommes et femmes, a abondamment profité des bienfaits de l'évolution de la technologie. C'est une vérité. Pourtant, en raison des besoins causés par la cupidité, et de la progression des événements futurs, votre terre ressemble en quelque sorte à votre corps. Imaginez votre corps couvert de lèpre, de plaies ouvertes et saignantes, de coupures importantes.

N'essaieriez-vous pas de panser ces plaies, de les guérir ? N'essaieriez-vous pas de les nettoyer complètement ? Et à propos de l'air que vous respirez ? Que feriez-vous s'il était continuellement nocif et rendait votre estomac malade ? Et l'eau que vous buvez ? Que feriez-vous si l'eau était remplie de poisons et de bactéries et était en train de dévorer l'intérieur de votre corps physique ? Et à propos des nuages, que feriez-vous si les nuages qui passent au-dessus de votre tête déversaient chaque jour de la pluie acide ? Feriez-vous quelque chose à ce sujet ?

La Terre n'est pas différente de votre corps et vous ne pouvez vivre sans elle. Je vous ai donné uniquement quelques exemples du mal que cet organisme vivant a enduré. C'est la raison pour laquelle il doit guérir malgré la cupidité et le pouvoir, par crainte de finir plus ou moins comme sa sœur, la planète rouge, qui elle-même a déjà eu une civilisation florissante appelée *humanité*.

L'espoir de l'illumination

Maintenant, écoutez tous ! Je ne désire pas que vous vous découragiez, ni que vous deveniez fanatiques. Je ne désire pas que vous pensiez que là où il y a connaissance il n'y a pas d'espoir, car il y en a. Je ne désire pas que vous pensiez que l'ensemble de cette pagaille est sans espoir, car il y a de l'espoir. Cela sent mauvais, mais ce n'est pas sans espoir. Comprenez ceci : faire la lumière signifie sortir de l'ignorance et des ténèbres. Lorsque quelqu'un demeure dans les ténèbres de l'ignorance, il est enclin aux superstitions et à l'impuissance. Il devient très craintif. L'illumination consiste à faire la lumière sur l'ignorance, à chasser la superstition, en vérité à chasser la peur. La connaissance n'est pas à craindre, mais plutôt à rechercher, afin qu'elle élargisse la perception de votre propre réalité, de votre propre vie. Fatalement, cela affectera l'ensemble de l'humanité.

La nourriture de l'ego altéré

La conscience sociale (la façon d'être, de voir, le souffle dont se nourrit l'ego altéré) ressemble à votre respiration. La conscience sociale est un processus composé de pensées recyclables. Autrement dit, elle est comme l'histoire qui se répète continuellement, non seulement sur une large échelle, comme lorsqu'on parle d'un pays entier, ou d'une humanité entière, mais également au niveau de la vie individuelle, de la réalité individuelle. La conscience sociale est ce qui maintient collectivement le fonctionnement de l'ego altéré ; l'image ; l'Antichrist. C'est l'aliment dont se nourrit l'ego altéré. La vérité est partout. La conscience sociale est une vérité. Mais dans le but de permettre l'absorption d'un ego altéré et de disperser la conscience sociale sur une vaste échelle, vous devez élargir votre propre réalité. Vous êtes en processus d'évolution. Vous évoluez vers votre destinée manifestée. Plus vous devenez conscients, plus votre réalité grandit, plus vous avez de contrôle, d'options et de choix.

Lorsque naît la lumière

Le cadre de la conscience sociale est très restreignant. Vous devez faire comme tout le monde. Et la conscience sociale demeure inchangée parce que tout le monde fait comme tout le monde. Mais lorsque la lumière naît dans le monde, lorsqu'une réalité est élargie, la perception est également élargie.

Lorsque la lumière se fait, même chez un seul et unique individu, celui-ci, participant dans le continuum de la conscience sociale, devient soudainement conscient. Il comprend davantage et il possède plus de vérité. La conscience de cet individu élève la conscience sociale, car ce qui commence à être perçu par un seul est émis à l'extérieur et commence à influencer les autres.

Le résultat final de l'aventure humaine ne sera pas une répétition de l'histoire. La destinée de l'être humain est plutôt d'évoluer en une entité spirituelle complète, un être humain immaculé. Voilà votre destinée : manifester la droiture et les vertus du Christ latent à l'intérieur de chacun d'entre vous. C'est le point culminant de cette évolution. En Dieu vous êtes, car vous avez le droit de choisir.

Les éclaircissements apportés sont en train d'élever et d'élargir votre propre conscience grâce à la connaissance. Cela ne consiste pas en des rituels spirituels. C'est la compréhension elle-même.

Dans ce livre, déroutant pour certains, j'ai choisi de mettre de l'avant un enseignement d'une valeur historique. Je vous ai transmis un enseignement clair du « pourquoi », associé à une compréhension du choix, associé à une compréhension de l'image de l'ego altéré, de telle sorte que vous ne puissiez pas dire dorénavant : « Personne ne nous a jamais donné la réponse au "pourquoi" de ce qui s'en vient. » Je l'ai fait pour vous encourager à sortir de votre ignorance.

J'ai choisi de vous éclairer sur votre histoire, pour vous aider à entretenir une vision plus complète de la nature de l'aventure collective de l'humanité et, ainsi, vous en transmettre le « pourquoi ». De cette façon, vous savez, vous comprenez et vous cessez d'être le jouet de superstitions. Ainsi vous ne vous laisserez plus berner par des explications sur la nature de choses qui sont complètement à l'opposé de la réalité. Je ne vous ai certainement pas communiqué cet enseignement dans le but de vous déprimer, mais dans celui d'élargir votre compréhension, pour vous permettre de regarder à l'extérieur de la fenêtre et de voir la configuration du terrain. Cela vous permettra de faire des choix qui illumineront votre chemin à travers tout ce qui s'en vient.

L'illumination pour le maître, pour cet être humain spectaculaire est aussi nécessaire que la respiration. Elle est aussi nécessaire que dormir, marcher, agir. Car sans la connaissance, vous demeurez uniquement une humanité sans visage, vous manquez d'individualité, vous n'êtes ni plus ni moins que l'écho des autres autour de vous. Et tout le monde se fait ainsi l'écho de tout le monde.

Ce qui est écrit dans ces pages se propose de vous ouvrir à la compréhension des jours prochains. Au cœur de l'inconnu qui commence de l'autre côté de votre porte, vous apprendrez également l'espoir, les options et les probabilités qui existent dans l'inconnu. Ces portes ne s'ouvrent qu'à ceux qui élargissent leur perception grâce à l'illumination, cette connaissance qui permet d'obtenir les réponses. L'inconnu ne vient jamais à une entité dont l'esprit est fermé. Il vient rarement à celui qui est en proie à la peur, mais plutôt à celui qui va de l'avant, animé du désir de comprendre.

Donc, pour ceux d'entre vous qui se sentent impuissants et sans espoir en lisant ceci, je désire que vous sachiez que le désespoir n'a pas d'existence réelle. Il y a un autre côté à cette histoire, qui n'est pas encore dit, qui n'est pas encore réalisé. Nous allons atteindre ce point dans les passages qui suivent. Donc, tenez bien vos chapeaux et vos cerveaux, ainsi que vos âmes émotives et apprenez. Apprenez et ne soyez jamais effrayés d'apprendre. C'est ce qui vous délivrera de cette pagaille malodorante. Marché conclu ? Qu'il en soit ainsi !

La nature — Le déséquilibre

Maintenant, vous rappelez-vous lorsque je vous ai dit de retenir le nom de famille « Rothschild » ? Et vous vous rappelez de la crise boursière d'octobre 1987 lors de laquelle beaucoup, beaucoup d'entités ont vu leurs titres chuter dramatiquement ? Je veux vous démontrer à quel point les *Hommes Gris* sont puissants. Ce n'est qu'un tout petit exemple. Vous connaissez les carburants fossiles ? Le pétrole, le tyrannosaurus rex liquéfié ? Une grande compagnie pétrolière logeait son siège social à Londres. Elle décida d'émettre des actions publiques. Mots étranges, mais appropriés. Ils décidèrent donc de permettre au public de mettre de l'argent dans le pétrole.

L'affaire était merveilleusement planifiée, car l'offre était ouverte au grand public et lui apportait la possibilité de devenir participant et détenteur de titres dans les carburants fossiles. Mais survint ce *lundi noir* dans le monde financier. Avec le résultat que le public a pris peur. Plus personne ne voulait acheter. Les gens n'avaient plus d'argent, ils ne pouvaient couvrir leur achat, miser sur ces actions et toute la panoplie... Les Rothschild choisirent ce moment creux pour intervenir et ils achetèrent tout ! Ils sont des individus très futés, car cela leur a permis d'accroître leur emprise sur les carburants fossiles. Ce fut donc très bien planifié.

Je veux que vous reteniez bien ceci : ces gens ne font vœu de fidélité à aucun héritage, quel qu'il soit. Et pas davantage à un pays ou à une quelconque religion. Ils sont, dans tous les sens du terme, ce que vous dénommez des athées.

Leur Dieu est l'argent et leur royaume le pouvoir. Voilà. Rien d'autre ne compte pour eux. Donc, dans ce cas-ci, nous assistons à un accroissement du pouvoir des *Hommes Gris* dans le Tyrannosaurus rex et ce qui en reste : les carburants fossiles, l'or noir réparti dans plusieurs pays sur la surface de ce merveilleux globe terrestre. Et comme l'or noir et les carburants fossiles sont devenus la monnaie d'échange, qu'est-ce qui va sauver un pays en quête d'aide financière ? C'est ce produit, cette ressource naturelle, qu'il pourra utiliser pour éteindre son prêt, en la donnant aux *Hommes Gris*.

Le carburant fossile va demeurer un certain temps encore, car trop d'argent, de pouvoir, de cupidité et de contrôle y sont impliqués. Et qu'advient-il de l'énergie solaire disponible autour de vous depuis toujours ? Cette énergie n'a pas été investiguée techniquement, car il n'y a pas d'argent à faire dans des forages du soleil. Vous me suivez ? Et tout le monde peut être mû par cette énergie, elle n'est pas du tout élitiste. Comment pouvez-vous en être le propriétaire ? Vous ne le pouvez pas et c'est là une grande vérité.

Donc les carburants fossiles, parce que facilement contrôlables dans le monde d'aujourd'hui, sont là pour rester. Et chaque individu qui s'est interposé dans le but de créer de nouvelles sources d'énergie a été éliminé jusqu'ici. Vous avez entendu parler du terme « brevet » ? C'est la légitimation d'une idée. Depuis fort longtemps, plusieurs idées ont été écartées, achetées et mises au rancart.

Néanmoins, tout n'est pas perdu. Il y a au Japon un individu magnifique, un vrai génie issu de la classe des gens ordinaires. Il a reçu une technologie et une science prodigieuses. Il est en train de mettre au point un appareil repliable, semblable à un livre que l'on ouvre. Et grâce à la puissance accumulée de cette invention qui utilise et conserve l'énergie solaire, vous pourriez alimenter la plupart de vos appareils ménagers.

Cet individu est une entité très intelligente et une grande force la seconde. Il contribuera grandement à

améliorer la conscience sociale, lorsque toutes ses tribulations seront terminées. Entre-temps, personne ne mettra
la main sur lui. Personne ne va neutraliser son entreprise,
car il a utilisé le système pour créer son entreprise, ce qui
a été d'ailleurs très malin de sa part.

Mais revenons aux carburants fossiles. Où en seriez-
vous sans eux ? Comment vous déplaceriez-vous ? À pied ?
À bicyclette ? Ou sur le dos d'un grand étalon, le dos au
vent pour arriver à temps à destination ?

La réalité est que les pèlerins peuvent faire le tour du
monde en un jour. Combien merveilleuse l'invention qui
permet cela. Mais elle est mue par cette chose qui vient
des entrailles de la terre. Toute personne qui lit ce livre se
retrouvera plutôt confinée à sa terre et à sa propriété, si
elle renonce à utiliser ce mode de transport, car l'évolution
s'est arrêtée avec les carburants fossiles.

Le déséquilibre

Qu'est-ce qui en résulte ? Vous vous retrouvez aujourd'hui
avec un trou béant dans la stratosphère, dans la région du
pôle Sud. Il est si grand qu'on évite maintenant d'en parler.
Tellement que les chercheurs ont entrepris de se retirer de
cette région car les radiations s'engouffrant dans ce trou
provoquaient l'apparition de cataractes dans leurs yeux.
Votre atmosphère est constituée des vestiges de ce qui
était auparavant de grands océans entourant la terre.* Ces
« océans » consistaient en une immense et épaisse cou-
verture nuageuse. Et lorsque l'eau se déversa sur la surface et créa une planète plus féerique, une couche très
mince, délicate, continua d'entourer la Terre et la vie commença à se développer, les saisons naquirent et les régions
arides furent créées. Le monde était alors un immense et
fabuleux Éden, Shambala si vous voulez.

Et, par le processus de l'évolution, toutes sortes de
formes de vie purent s'épanouir dans cet environnement,
cette émeraude dans l'univers.

---

*Ramtha a longuement décrit la formation de la couche at-
mosphérique lors de sessions antérieures. Voir le livre *Ramtha*
traduit en langue française.

En mon temps et même auparavant, il y avait beaucoup à raconter sur ce sujet. Car avant mon époque, nonobstant ce que certains de vos scientifiques peuvent dire, il y avait des gens très intelligents qui évoluaient sur cette planète. La lumière constituait leur moyen de locomotion. Et d'ici très peu de temps, par suite d'une série de tremblements de terre, vous serez en mesure de contempler des vestiges de cette génération depuis longtemps disparue.

À mon époque, les moyens de transport n'étaient pas aussi ingénieux, il faut bien le dire. Il n'y avait pas de pétrole, ça aussi est à souligner. Mais mon époque était en harmonie avec l'environnement. Ma fille me taquinerait sûrement en me disant que mon peuple sentait mauvais. C'est la vérité, les gens sentaient mauvais ! Et pour la plupart nous n'avions pas toutes ces commodités qui ont créé chez vous de larges postérieurs. C'est également une vérité. Et pourtant, même en mon temps, la destinée de l'homme était d'évoluer, de développer tout son potentiel, car la vie est un cadeau. Votre Terre, cette planète si douce et si chère, est un être vivant et constitue un cadeau de la création. Elle est promise à un statut encore plus grandiose que ce qui a été connu à mon époque.

Parallèlement à l'éveil de la civilisation, les forêts des grands pays ont été ravagées. Ce manque de respect envers la terre est à l'origine de la disparition de la couche d'humus et des forêts. Tout ce qui reste maintenant du sol, c'est de la poussière soulevée par des vents secs et brûlants. L'homme s'est déplacé vers d'autres régions, sans jamais apprendre de ses erreurs. Bien que la Terre appartienne vraisemblablement au Seigneur, l'homme se l'est appropriée et en a fait ce qu'il a voulu, prenant pour acquis qu'il n'en supporterait pas les conséquences de son vivant. C'est une erreur. L'une après l'autre, et jusqu'à celle-ci (pour employer un euphémisme), les civilisations se sont adonnées au viol et au pillage des ressources de la Terre, comme vous les appelez. Sachez que ces éléments naturels sont essentiels à la vie, même à celle de la Terre. Mais la civilisation la plus caustique, la plus réductrice, la plus agonisante est celle qui s'appuie sur la haute technologie et se maintient en place par appétit du pouvoir et de la cupidité. Et ce pouvoir contrôle tout, même l'utilisation des carburants fossiles.

Ces déchirures dans votre stratosphère n'ont pas toujours existé. Il est certain que l'érosion de votre stratosphère a débuté avant le tournant de ce siècle, avec la combustion du charbon, et elle s'est accélérée avec la découverte du pétrole. Lorsque vous consommez des carburants fossiles, sans une contrepartie appropriée qui permette à l'atmosphère terrestre de se régénérer, qu'advient-il des résidus de cette combustion ? Pensez-vous qu'ils se perdent dans l'espace ? Non. Ils ne s'en vont pas dans l'espace. Ils demeurent prisonniers de l'atmosphère et sont ainsi maintenus autour de la Terre. En ce moment *même,* les résidus des feux que vous brûliez dans vos mansardes il y a un siècle dérivent encore dans votre atmosphère.

Chaque fois que vous faites démarrer le moteur de votre automobile, vous envoyez quelque chose dans la stratosphère. Et où croyez-vous que cela va se loger ? Cela se dissipe et disparaît de votre vue, mais où cela s'en va-t-il ? Ce gaz d'échappement monte et est ensuite retenu dans la ceinture de pollution qui enserre la Terre. Chaque fois que votre technologie modifie des structures moléculaires et crée des produits chimiques, où pensez-vous que les vapeurs et les sous-produits s'en vont ? Dans cette ceinture. Ils y demeurent. Ils ne s'en vont pas sur la Lune, ni sur Mars, ni sur le Soleil. Ils restent autour de votre Terre.

Faute de l'équilibre normalement assuré par les arbres majestueux et le feuillage des grandes forêts, les dioxines ont atteint un tel niveau de concentration dans la stratosphère qu'elles sont en train de gruger la couche sise en dessous. Vos médias n'ont pas accordé assez d'importance à la situation. Et pourquoi ? Parce que s'ils en avaient parlé, les médias auraient dû également expliquer ce qui cause le problème. Ce n'est pas seulement le fréon qui cause le problème, mais aussi les émissions et les déchets chimiques, poisons qui s'échappent des engins et s'agglomèrent dans votre atmosphère.

Quelles seraient les conséquences pour chacun de se lever et de dire : « Il faut mettre un terme à cela.» Vous remettriez en question une des grandes industries dont dépend votre pays : la production automobile, la fabrication de moteurs à combustion interne.

Qui voudrait remettre en question vos modes de transport ? Qui voudrait remettre en question le type d'énergie qui alimente vos maisons ? Très peu de gens sont prêts à se passer de leur automobile et à perdre leur emploi. Même si c'est essentiel à l'équilibre de la nature, très peu de gens sont prêts à se passer des carburants fossiles, à renoncer à l'air climatisé, créé artificiellement. Il y a dans votre pays ceux qu'on appelle les « environnementalistes » et qui ont travaillé fort. Ils commencent à accorder plus d'attention à cet aspect. Ils ont rencontré des environnementalistes reconnus d'autres pays et, ensemble, ont pris la décision de réclamer l'arrêt de la production du fréon. Mais ils ne pourront amorcer le déclin de cette production avant la fin du siècle, parce que le fréon est nécessaire à la croissance économique des pays du Tiers Monde.

La nature, la douce nature réagit dans son corps physique exactement comme vous le faites dans le vôtre. Sa plus grande bataille, aujourd'hui, elle la mène contre les dommages causés à son enveloppe physique, particulièrement par les carburants fossiles. C'est simple. Cependant, les carburants fossiles sont devenus un instrument de pouvoir et un moyen d'échange, une *nécessité* absolue dans votre pays et dans le monde, dont on ne peut pas se défaire facilement. Mais si on y parvenait, ceux qui convoitent le contrôle absolu perdraient leur fouet à neuf queues.

Qu'a-t-on fait en ce sens ? Depuis le tournant du siècle et jusqu'à tout récemment, un groupe d'entités invisibles, inconnues de vous, ont provoqué sur le plan éthérique des explosions dans la stratosphère, que quelques-uns d'entre vous ont observées. Elles sont apparues comme des boules de feu vertes et brillantes. D'où venaient ces êtres et que faisaient-ils ici ? Pendant un certain temps, personne n'a compris cette énigme ni quel était leur but. Leur objectif était d'essayer de sauver votre environnement. Quelques-uns de vos frères de l'espace (oui, vous avez des frères qui vivent sur d'autres systèmes stellaires et dans une autre dimension), donc ces frères firent exploser ces boules de feu vertes dans votre stratosphère, dans l'espoir de stopper l'érosion de cette couche atmosphérique. Les explosions étaient plutôt ordinaires. Il n'y en a plus eu depuis déjà un bon moment, car cela constitue une interférence dans vos affaires. En effet, vous êtes arrivés au point où vous devez vous réveiller et devenir conscients de votre royaume. La Terre a déjà pris « l'affaire en main ». « En main » n'est probablement pas le terme approprié. En fait, la Terre prend des mesures correctives, par l'intermédiaire de ses failles sismiques.

Non seulement avez-vous un trou massif au-dessus du pôle Sud, mais vous en avez un autre en formation dans les régions nordiques. Il recouvre complètement la zone du Groenland, au nord-est du Canada et il y en a également un qui se forme au-dessus de la côte est américaine. Ils sont plutôt nombreux maintenant et il s'en forme partout, à cause des dioxines qui dévorent les substances créatrices de l'oxygène. Voilà, ce n'est certes pas là le type de nouvelles que vous préférez entendre. Car les radiations ont un impact direct sur l'écosystème délicat de votre planète. Elles vont provoquer des mutations chez les poissons des mers. Vous le verrez bientôt dans les bulletins de nouvelles, car il faudra bien fournir une explication à ce phénomène. Et ils en retraceront l'origine en remontant jusqu'au plancton. Vous connaissez le plancton ? C'est une créature merveilleuse. Ils vont découvrir que la radioactivité qui passe tout droit à travers ces orifices provoque des mutations du plancton et l'apparition d'espèces hybrides incapables de se reproduire. Le plancton se situe au début de la chaîne alimentaire dans la mer. Comprenez-vous ?

Que reste-t-il à l'arbre ?

La Terre, cet organisme vivant, a toléré et toléré. Ce pays, que vous appelez votre chez vous, a été grandement protégé de bien des façons. On ne connaît pas de précédent, dans l'histoire écrite, d'une civilisation qui ait pu vivre si longtemps à l'abri des changements cataclysmiques. En un sens, ce pays appelé l'Amérique a été très protégé de plusieurs catastrophes. Au départ, l'Amérique nourrissait tout son monde et accumulait des surplus qu'elle pouvait distribuer à l'étranger. Elle a toujours eu à sa disposition suffisamment de ressources naturelles pour prendre soin de tous. C'était en vérité un grand jardin et ce l'est encore, jusqu'à un certain point. Mais la Terre y a été violée, abusée et mal utilisée, par ignorance.

La Terre, qui comprend cela, vit une situation très dramatique. On entend gémir chaque facette de son environnement naturel. La nature est le souffle de vie en toutes choses. Tout est vivant. Ce n'est pas parce qu'un arbre ne vous parle pas qu'il n'est pas vivant. Une plante est un être vivant. La Terre est vivante. Une grosse roche est vivante. Car tout est vivant dans le royaume du Dieu manifesté. Tous les éléments de la nature gémissent : ils ont mal.

Pour être un peu plus précis, je vous dirais qu'ils pleurent *de douleur,* ou qu'ils étouffent, qu'ils ont passé par la chambre à gaz. Cela vous aiderait-il à mieux comprendre la réalité d'une intelligence qui ne peut dialoguer avec vous ? Faites le parallèle avec votre corps dont les plaies seraient douchées d'acide, qui respirerait du poison et aurait continuellement mal au ventre. Votre Terre merveilleuse traverse ces tribulations en ce moment. Elle possède sa propre capacité de changer et elle le fera. D'ailleurs, le changement est déjà en cours.

Donc, la Terre et toute la nature vous servent un avertissement, comme ces dauphins magnifiques, vos frères, qui se précipitent sur vos plages pour y mourir.

Les petits animaux qui nous apportent les perles de sagesse et qui meurent vous servent également un avertissement. Et les poissons qui avaient l'habitude de se reproduire dans les endroits appropriés qu'ils ne trouvent plus tentent également à vous avertir. Chaque fois qu'une grande baleine s'échoue sur une de vos côtes, elle essaie de vous dire quelque chose.

Tout cela ne passe pas inaperçu. Qui se débrouillera pour prendre soin de la vie ? Si l'homme refuse de changer, alors que reste-t-il à la vie ? Que reste-t-il à l'arbre ? Qui prendra la défense des baleines et des marsouins ? Et de la petite huître, dont l'irritation aiguë, le cri de douleur se transforme en joyau qui pend à votre cou ? Qui prendra la défense des rochers ? Des cours d'eau ? De l'air ? Qui dira pour eux : « Votre heure est venue, car vous allez vivre et votre message sera entendu et en vérité, sera exaucé ? »

La nature — Les changements

Donc la nature, ce dynamisme en mouvement vers l'avant que l'on nomme la vie, a pris sur elle-même de soulager sa propre misère physique. Le climat est en train de changer. Oui, vous l'avez remarqué maintenant. La Terre est en changement. La stratosphère doit se guérir, car aucune forme de vie sur cette Terre ne pourra tolérer ces radiations. C'est simple.

Donc, la Terre est sur la voie de grands changements, plus profonds encore que ceux qu'elle a traversés depuis les convulsions de sa naissance. Elle doit opérer ces changements pour assurer sa survie.

Le feu des failles sismiques

Une importante activité géologique est présentement en cours sur la Ceinture de Feu. Cette Ceinture de Feu est en fait une très grande faille sismique qui fait le tour de la Terre. Elle sous-tend ce que l'on appelle le mouvement des plaques tectoniques. Vous en avez entendu parler ? L'activité de ces plaques, ou de ces failles sismiques, permet à la Terre de poursuivre son évolution. En effet, lorsque les plaques s'enfoncent dans les surfaces extérieures comprimées de la Terre, elles sont transformées et remontent renouvelées et revigorées. En ce moment, chaque continent bouge sur la surface de votre Terre. Ils se déplacent tous et ce, plus rapidement que jamais auparavant, car les masses continentales flottent en accord avec le mouvement des failles sismiques et celles-ci sont toutes en activité.

Les failles sismiques permettent l'écoulement d'une merveilleuse matière nutritive, la lave, qui est, en fait, de la terre recyclée. Elle régénère et enrichit la surface de la planète dont la vie végétale surgit immédiatement. C'est de cette façon que la Terre guérit ses surfaces. Et jusqu'ici, la plus grande part de cette activité s'est produite partout ailleurs sauf dans votre pays. Dans les océans, de puissants volcans entrent en éruption, en ce moment même, dans un effort désespéré pour purifier l'eau tandis que d'autres volcans supposés éteints se réveillent.

À l'exception de quelques-uns d'entre vous qui en ont ressenti les effets, rien de cela ne vous a touché personnellement. L'ensemble de cette activité, de cette activité *inhabituelle,* car elle l'est, se produit vraiment en marge de votre monde intime et de votre observation personnelle de la vie. Cela n'a vraiment rien de commun avec vos soucis quotidiens ni avec les préoccupations qui vous animent quand vous allez en visite chez votre ami. Cela ne signifie rien pour vous, parce que ce n'est pas à vous que ça arrive. Mais ce sera bientôt le cas, car la force qui s'exerce contre les plaques tectoniques en mouvement autour du littoral américain constitue la plus gigantesque accumulation d'énergie latente jamais vue sur ce plan-ci. Et elle est prête à être libérée.

La Terre est en changement. Et ces changements affectent l'habitat humain. C'est ainsi que des régions désolées, par conséquent inhabitées par l'homme, commenceront à fleurir, à recevoir de la pluie et à essuyer des tempêtes qu'on n'aura, de mémoire d'homme, jamais vues. Dans les régions densément peuplées, vous allez voir la nature réagir plus violemment aux actions de l'homme. Vous verrez très bientôt une manifestation autre, produire le tonnerre auquel l'homme est habitué. Des sites anciens vont se réveiller, car des volcans éteints sont en ce moment comme des tigres assoupis.

Pourquoi tout cela? À la vérité, non pour se débarrasser de vous, mais plutôt pour réparer vos méfaits. Et vous verrez, d'ici à la fin de ce siècle, la terre accroître son activité, bouger sur toutes ses failles sismiques. Dans les principales villes d'affaires, vous serez témoins de phénomènes venant du ciel et de l'intérieur de la Terre. Les villes qui auront causé la pollution sur votre plan verront se produire des phénomènes étranges et merveilleux en rapport avec la nature et ses assauts.

Cette planète, la belle émeraude de l'univers, votre patrie, va commencer à vivre une séquence de changements continus. La trouée dans votre stratosphère, la pression et le mouvement sur les failles sismiques, les plaques tectoniques, tout cela créera un effet de réchauffement sur votre Terre. Ce réchauffement sera ressenti dans le Mid-Ouest américain, la corbeille à pain de ce pays, tombée aux mains d'intérêts étrangers qui en ont évincé les fermiers. Au cours des quatre prochaines années, la Terre se réchauffera à tel point que les récoltes seront compromises dans la corbeille à pain.

Les déserts, régions peu fréquentées par l'homme, seront inondées par des pluies inhabituelles. Et ce réchauffement de votre monde s'accompagnera d'un changement dans les comportements climatiques. Vous en avez déjà eu un aperçu cette année. La plus grande part reste à venir. (Ces prédictions ont été établies par Ramtha, « telles qu'il les voyait à ce moment », en novembre 1987.)

Graduellement, la Terre s'efforce d'accomplir quelque chose pour l'humanité, qui, elle, ne se soucie de rien et ne respecte pas la surface de la planète. La Terre agit de façon à éloigner les populations des sites où elle a été blessée, se donnant ainsi la possibilité de guérir ses plaies en plusieurs endroits.

Et ces endroits sont très étendus, en vérité. Rarement verrez-vous un quelconque changement se produire en des lieux où règne un écosystème en équilibre et où les animaux vivent en harmonie avec la Terre. Ces endroits garderont leur statu quo.

Le chant aigre-doux des flûtes

Un mot maintenant au sujet de deux grands volcans, l'un situé en Europe et l'autre assis sur une île dans l'océan. En ce moment, l'activité à l'intérieur de leurs « flûtes » est telle qu'ils sont en voie d'entrer en éruption. Savez-vous que la grande famine en Europe, plus précisément la grande famine d'Irlande, fut l'œuvre d'un seul volcan qui explosa dans les années 1800 et emplit la stratosphère de poussière, faisant naître l'hiver en été et provoquant le gel de toutes les récoltes, d'où s'ensuivit la famine. Un *seul* volcan.

Il y en a présentement deux qui sont sur le point de relâcher la pression exercée par ces plaques tectoniques en mouvement perpétuel sur votre planète. De sorte que, d'un côté, la Terre se réchauffe et, de l'autre, elle pourrait se refroidir. Car si ces deux volcans décidaient, à n'importe quel moment, de relâcher cette pression — et seule la nature décide du moment — avec ces deux volcans projetant en même temps leurs cendres dans la stratosphère, vous assisterez alors à un refroidissement immédiat de la surface de la Terre suivi de changements climatiques radicaux.

Si vous vivez sur une faille sismique, vous jouez avec votre vie. Si la faille vous plaît et que vous aimez le panorama, demeurez-y. Si c'est tout ce que vous pouvez vous permettre, restez-y. Mais sachez que vous êtes maintenant dans une région active. Si vous êtes installés près de l'eau ou sur l'eau,* vous êtes également dans un endroit dangereux, car il n'y a pas que les plaques connues qui bougent, mais aussi celles qui sont situées sous la mer et que vos scientifiques ne connaissent pas. Leur activité créera d'immenses vagues. C'est une *réaction* naturelle lors d'un changement.

La montée de l'eau

Nous devons ensuite parler de la fonte des calottes polaires. Avez-vous entendu parler de cette possibilité ? Le

---

*Ramtha fait ici allusion aux régions côtières du globe.

trou dans la stratosphère et le réchauffement prévu au cours des quatre prochaines années se produisent beaucoup plus rapidement que vos scientifiques ne vous le disent et, comme résultat, la fonte des grandes calottes de neige est déjà en cours. Cela aura pour effet d'élever le niveau de l'eau de deux cents pieds (65 mètres) sur les côtes, et de seulement douze pieds (4 mètres) à certains endroits dans les bras de mer.

La calotte du pôle Sud est déjà en pleine fonte. Le processus est également amorcé à la calotte du pôle Nord, car un glacier s'est détaché et flotte maintenant à la dérive. C'est le résultat du réchauffement de l'eau. C'est commencé : plusieurs glaciers sont maintenant en mouvement. C'est très bien d'avoir un tout petit peu d'eau en excédent, mais dans un *seul* glacier, maîtres, les États-Unis pourraient puiser leur eau douce pour les *trente* prochaines années — tellement ces glaciers sont immenses. En raison de l'élévation consécutive du niveau de la mer, il n'est pas sage de demeurer près des côtes. Mieux vaut aller habiter à l'intérieur des terres. Ce n'est pas non plus une bonne idée de vous établir dans des régions densément peuplées, si vous avez l'occasion de déménager. La Terre va se réchauffer au cours des quatre prochaines années et à n'importe quel moment, avec l'éruption des deux volcans majeurs, vous risquez de vous retrouver en hiver en plein milieu de l'été. La valeur des récoltes, à l'échelle internationale, sera à la merci des changements climatiques. Car il y a une chose que l'homme et son ego altéré ne peuvent pas accomplir : c'est de modifier le climat et d'influencer les changements de la terre.

Comment vous sentiriez-vous si quelqu'un vous faisait exploser une arme nucléaire dans le nombril ?

Comment vous sentiriez-vous si quelqu'un vous faisait exploser une arme nucléaire dans le nombril, tout en vous disant que, « bien sûr, cette expérience n'a pour but que de vérifier vos réactions ! » Pensez-vous que la libération à l'intérieur de la Terre, l'énergie contenue dans les armes des fabricants de munitions, ne provoque aucune répercussion ? Si vous aviez des ondes de choc qui vous traversaient le nombril au cœur de ce pays et que la force ainsi créée à l'intérieur rencontrait une force égale produite par les plaques tectoniques de l'océan, vous seriez dans une position des plus précaires. Votre Terre se retrouve actuellement dans cette position.

Et que dire de vos déchets nucléaires que l'on jette dans les failles sismiques ? Est-ce que vous connaissez l'existence de la grande caverne qui remonte sous la Californie, le long de la faille de San Andreas ?* Saviez-vous que des déchets nucléaires ont été mis dans des barils et y ont été jetés ? Vous ne le saviez pas ? Mais bien sûr, comment l'auriez-vous su ? C'est une grotte profonde et le mouvement l'atteindra. Les matières dangereuses seront recouvertes et s'enfonceront encore plus profondément ! Voici ce qu'on trouve dans les replis mêmes de votre propre Terre : des déchets nucléaires.

La Terre a beaucoup de choses à changer, car elle se bat pour sa propre survie. Car les pluies empoisonnées qui tombent sur la côte est américaine et en Europe détruisent les ressources naturelles, les forêts, les terres, les poissons et toute vie qui dépend de l'eau.

Là où jadis on trouvait des îles

Qui mettra un terme à tout cela ? Pensez-vous que la perte de quelques arbres et la destruction d'un certain nombre de lacs suffira à entraîner l'arrêt de ces opérations ? Que la pluie qui vous tombe dessus se transforme en une eau empoisonnée que vous devez boire ne constitue qu'un prix modeste à payer pour voir se réaliser un rêve, émerger une réalisation, une technologie, une civilisation.

Les gens ne sont vraiment pas prêts à changer, ils ne peuvent se le permettre. D'ici la fin de 1999, plusieurs

---

*Faille sismique très active située en Californie. Elle est constituée de grottes très profondes à certains endroits.

endroits qui vous sont aujourd'hui familiers présenteront un tout autre aspect. Et là où il y avait des îles, on ne trouvera plus rien. Et là où il n'y avait pas de terre, on en trouvera. Là où il y avait un désert, on verra partout pousser de jeunes arbres en fleurs. Et là où il y avait des champs de blés dorés, le pain de vie, vous trouverez des déserts, incapables de nourrir la moindre pousse.

La nature réagira violemment en ces endroits où les déchets humains sont déversés dans les nappes d'eau. Quant à la mer qui nourrit en abondance et de façon diversifiée une partie si importante de la population mondiale, un jour viendra où les pêcheurs lanceront leurs filets et ils les remonteront vides. C'est déjà en train de se produire.

Vous n'avez pas trop souffert des turbulences de la nature ni du déroulement des événements en cours, parce que ça n'est pas arrivé dans votre cour. Vous voyez simplement des images de gens crevant de faim en Afrique et votre cœur en est ému. Mais, concrètement, cela ne signifie rien pour vous, car ce n'est pas vous qui mourez de faim. Et cela ne vous touche pas énormément lorsque ce n'est pas votre maison qui est détruite par un tremblement de terre. C'est arrivé ailleurs, on l'a vu aux nouvelles. Et bien que vous soyez désolés pour les victimes du tremblement de terre ou de l'avalanche de boue qui dévalait les montagnes plus rapidement qu'ils ne pouvaient fuir dans leurs véhicules, bien que cela, bien sûr, soit une tragédie, ça ne fait pas vraiment partie de votre réalité, parce que ça ne vous est pas arrivé.

La Terre va entrer en conflit avec l'humanité

L'évolution poursuivie par la Terre, son besoin d'aller de l'avant et de survivre préparent une collision inévitable avec l'humanité. Et les hommes qui refusent d'écouter, qui ne peuvent se résoudre à quitter leurs glorieuses demeures, à se priver du coucher de soleil sur l'océan, à aller se mettre en sécurité sur une parcelle de terre, vont découvrir que la nature est sur le point de devenir violemment hostile à leur endroit. Oui, c'est la vérité.

Alors, que dire de tous ces gens qui sont allés s'installer dans les villes, qui vivent empilés les uns par-dessus les autres, en des endroits où il n'y a pas de terre, où les fleurs ne poussent pas, sauf dans des pots artificiels ? Qui les nourrira ? Oui, ils savourent leur réussite, ils sont la classe moyenne, une richesse encore plus grande les attend. Mais qui s'occupera d'eux et mettra du pain sur leur table ? D'où viendra-t-il, ce pain ? D'où leur viendra l'eau ?

Pour les jours à venir, en raison des changements climatiques, l'homme s'est mis dans une position vulnérable comme jamais auparavant. Car il a délaissé le bon terroir et est allé s'entasser dans les villes, où l'on vit les uns sur les autres. L'humanité a toujours maintenu un niveau suffisant d'autosuffisance pour *suivre le courant,* comme vous dites, à travers les âges et au cours des grands changements qui se sont échelonnés sur des générations, même en mon temps. C'est parce qu'elle a, jusqu'ici, vécu en *harmonie* avec son environnement qui constitue sa demeure. Mais regardez ce que vous avez fait pour devenir une humanité civilisée, une humanité prospère, une humanité parvenue à un âge d'or de technologie. L'homme peut maintenant voir au-delà de la lune dans le lointain horizon de l'espace. Mais quelle est cette humanité qui a tourné le dos à la bonté de la terre et s'est parquée dans les villes pour répondre aux désirs de ceux qui gouvernent la Terre ?

Des temps difficiles s'en viennent. En fait, ils sont déjà là.

Des vagues se préparent qui pourraient engloutir vos édifices les plus élevés

Vous dire qu'il se prépare des vagues qui engloutiraient vos édifices les plus élevés n'éveillerait rien en vous. Et pas davantage de vous annoncer que des secteurs entiers du pays vont se sectionner aux points de rencontre des failles. Si je vous disais que des arbres grandioses et aristocratiques sont en train de mourir, cela ne vous dirait rien. Car ils ne poussent pas dans votre cour ! Où devraient-ils se trouver pour que vous vous en préoccupiez ? Avez-vous pleuré en votre âme lorsque les dauphins ont péri sur vos côtes ? Qu'étaient-ils en train de vous dire ? Comment des créatures si gentilles, libres et sauvages, pourraient-elles être à ce point affectées par l'attitude de l'humanité ? Vous n'avez pas réellement vu ce qui s'est passé. Vous l'avez simplement lu. Quelques-uns d'entre vous ont versé un torrent de larmes, car ceux-là comprenaient en leur âme ce que signifiait leur mort. Oui, on les regrettera.

La Terre vous nourrira avec joie

La nature est alignée avec l'ensemble de l'univers et l'ensemble de l'éternité, éternelle et sans fin. Un arbre vivra à vos côtés et vous procurera de l'ombre, un abri et même de la nourriture, si vous vivez en harmonie avec lui. La terre sur laquelle vous vous asseyez, s'enrichira et vous nourrira avec joie si vous l'aimez. Et les nuages, qui voyagent au-dessus de votre tête feront pleuvoir sur vous l'eau la plus douce, si vous êtes en harmonie avec eux, si vous les respectez. Car comment l'humanité aurait-elle autrement pu survivre durant des éons, n'eut été d'une poignée d'humains splendides qui ont compris ce qui n'aurait jamais pu être transmis en paroles mais uniquement vécu ?

La nature s'est mise en marche

Mais maintenant, la nature s'est mise en marche. Écoutez ! Ce n'est pas parce que Dieu vous déteste. C'est la victime qui croit cela. Le monde, lui non plus, ne vous hait pas. C'est l'homme seul qui hait. Ce n'est pas non plus une pénitence qui vous est infligée parce que vous ne faites pas le bien. C'est l'évolution. C'est le changement. Et rappelez-vous, lorsque j'ai mentionné de quel côté se ranger dans tout cela. Je vous ai dit que je ne m'alignerais absolument pas contre les *Hommes Gris*. Vous rappelez-vous ? C'est parce que seule la nature, dans sa lancée, a le pouvoir et la mobilité nécessaires pour démanteler l'ensemble du plan des *Hommes Gris*.

Et je veux que vous sachiez qu'il y a beaucoup de choses, dans l'invisible, qui sont en conjonction avec votre précieuse Terre. Et ce qui est aligné avec la nature est aligné avec le Dieu intérieur, le Dieu extérieur, le Tout qui est en tout. Et tandis que l'industrie poursuit sa lancée, que les pays deviennent anonymes et que l'ordre mondial commence tout gentiment à prendre forme, la Terre vous dit : « C'est assez ! »

Lorsque vous lirez dans les journaux que le niveau d'eau monte, rendez grâces

Donc, lorsque vous verrez dans les journaux, si vous en avez la chance, que le niveau de l'eau est en train de monter, rendez grâces. Lorsque vous entendrez dire qu'un grand volcan vient d'entrer en éruption, bénissez-le. Car cela permettra à la pression de s'échapper et à la nature de se régénérer dans ce mouvement des plaques tectoniques. Enfin, dès que vous entendrez parler de tempêtes, bénissez-les. Elles sont là pour assurer un continuum.

Il faudra du courage
et de la grâce

Durant ma vie, je croyais que le soleil était la plus grandiose manifestation observée. C'était pour moi la plus grande merveille. La seconde était la lune et ces choses « là-bas », dans le ciel. Sans ces forces de vie, le frêle être humain, si aisément égratigné, coupé et blessé, n'aurait pas de demeure où s'exprimer. Le soleil n'a pas pour tâche de dessécher ; il n'est pas là pour vous faire du mal. Il est là pour seconder votre vie.

Saviez-vous qu'il existe des univers où le soleil est bleu ?

Vous savez, il y a des univers où le soleil est bleu. Le saviez-vous ? Une lumière bleue au lieu de la lumière jaune. Vous avez une lumière vraiment unique : un soleil jaune. Et la photosynthèse vous apporte cette couleur extraordinaire, appelée le vert. Saviez-vous que le vert n'existe pas ailleurs ? La couleur y est différente. Ce n'est pas du vert. Mais grâce à votre soleil jaune, vous possédez la couleur verte sur votre planète. C'est ce qui la rend si magnifique, si unique et en fait la demeure des dieux, qui l'ont considérée comme quelque chose d'acquis jusqu'à présent.

Jusqu'à ce qu'une multitude apparaisse dans le ciel (elle est déjà en route)

Quand ? C'est déjà en train de se produire. Dans combien de temps ? Demain ? La séquence des changements va se poursuivre jusqu'à la fin de ce siècle, jusqu'à ce que l'on voie apparaître une multitude dans le ciel. Elle est déjà en route. Qu'est-ce que cela signifie ? Cela signifie que lors des derniers jours de l'âge des tyrans, une puissance sera libérée. Cette puissance ne pourra être contrôlée par les gens dont l'idéal unique, jusqu'à ce jour, a été d'anéantir la liberté de choix dans le but de créer un asservissement complet. Et cette puissance agira harmonieusement, en vérité, afin de permettre aux humbles d'hériter de la Terre.

Écoutez l'arbre, il vous parlera

Et qui croyez-vous être ici ? Le fait de dire que vous faites partie des humbles ne signifie pas que vous êtes un idiot simple d'esprit. Les humbles sont les entités à l'écoute de la nature. C'est ainsi qu'ils apprennent. Écoutez l'arbre, il vous parlera. Apprenez à reconnaître de quel côté souffle le vent et orientez-vous en conséquence. Les humbles font ces choses. En fait, ils sont ingénieux, car ils survivent à tout.

Vous ne pouvez continuer à mettre en pièces la stratosphère. Sans l'intervention de la nature, vous deviendriez une société semblable au peuple de mes origines qui vivait en un endroit depuis longtemps oublié, dans une région très controversée du nom de Lémurie. Mon peuple vivait sous terre, pour se mettre à l'abri de tous les animaux dangereux qui parcouraient la surface.

Sans l'intervention de la nature, vous ne pourriez continuer de marcher au soleil. Déjà, durant l'année qui vient et au cours des prochaines années, il y aura une augmentation radicale des maladies de peau chez les gens qui s'exposent au soleil. Et pourquoi cela se produira-t-il aux États-Unis ? Parce qu'un trou est en train d'apparaître au-dessus de ce territoire. Il est petit, mais il s'agrandit. Et si tout cela n'était suivi de près, le monde entier serait éventuellement gouverné par une élite stationnée dans des quartiers généraux souterrains, tandis que la masse des travailleurs serait laissée à la surface. Et cela serait votre lot. Mais cela n'arrivera pas, car ce n'est pas là le dénouement que le Tout-Puissant tient en réserve pour vous.

Puisez en vous le courage et la grâce d'effectuer les changements nécessaires pour surmonter la tempête, car il y en a une à l'horizon

Vous qui vous sentez interpellés par ces paroles, je veux que vous vous rappeliez ceci : ce qui vous empêche de changer, c'est votre peur de l'inconnu et de ce qu'il cache, car vous ne pouvez le cerner. Voilà un changement que vous ne devriez jamais craindre. Puisez en vous le courage et la grâce d'effectuer les changements nécessaires pour surmonter la tempête, car il y en a une à l'horizon. Et ces changements sont pertinents, non seulement au niveau économique, mais littéralement au niveau de votre survie. On pourrait croire que les restaurants à hamburgers ne manqueront jamais de hamburgers. Et il y aura toujours plein de pain sur les étagères, n'est-ce pas ? Vous avez l'embarras du choix. Et si le pain est vieux d'une journée, vous pouvez le jeter : il y en aura d'autres ! N'est-ce pas ? Non. Cela ne se produira pas ainsi, car tout le système de production des denrées alimentaires est en train de changer.

Donc, il semblerait que vous soyez partagé entre deux forces formidables. Encore une fois, si j'étais à votre place, je m'alignerais avec la nature. L'autre force est séduisante d'aspect, car c'est le confort, la « boîte », la carte. Elle se présente comme votre billet vers une vie plus confortable. Néanmoins, je veux que vous sachiez que les temps difficiles qui se profilent à l'horizon ne sont pas dénudés d'espoir.

Un monde s'en vient qui prendra la relève de l'époque actuelle.

On n'y trouvera pas d'*Hommes Gris,* ni ceux qui choisissent d'abdiquer leur liberté. Mais ceux dont on a prophétisé la venue et que l'on appelle les *inconditionnels de Dieu.* Et plusieurs d'entre vous, qui lisez ces lignes, verront ces temps nouveaux.

Maintenant, que faire face à tout cela? Votre avenir dépend de vos choix et, en vérité, je ne peux faire ces choix à votre place. Je peux vous présenter les options, mais vous devez trancher. Je ne peux pas plus choisir pour vous que je ne puis évoluer à votre place. Vous devez le faire vous-même.

L'heure des choix s'en vient pour vous et vous devrez opter. Vous en serez conscients dans les prochains quinze jours et durant les jours suivants plus que jamais auparavant. Ils ne s'agit pas de choix horribles, déplaisants ou mesquins, mais simplement de choix. Vous ne devriez pas les faire sous le coup de la peur, mais plutôt en vous ouvrant à la connaissance qui assurera votre survie. Vous pigez?

Qui vous nourrira lorsque la conspiration aura eu raison de vos fermiers?

Si vous habitez à la ville, vous pouvez choisir d'y demeurer. En ce cas, je vous demande simplement de faire ceci: prenez l'or avec lequel vous feriez la fête et servez-vous-en pour vous constituer une grande réserve d'aliments et d'eau. Si vous êtes forcés de demeurer en ville, je vous demande d'être préparés. Vous aurez besoin de denrées alimentaires. Je ne vous dis pas cela pour le plaisir de m'entendre vous faire des prédictions macabres, mais parce que c'est la nature des choses.

En effet, qui vous nourrira lorsque la conspiration aura eu raison de vos fermiers? Aux États-Unis, on a laissé leurs récoltes pourrir dans les champs, pour favoriser d'autres. La nourriture que vous achetez, vous l'achetez d'autres pays... plutôt que de vos propres fermiers. Qui vous nourrira ? Car les changements climatiques affectent l'ensemble de la planète.

Trouvez-vous un lopin de terre et aimez-le : il vous le rendra

Si vous désirez pourvoir à vos besoins mais que vous vivez en ville, alors déménagez. Mais faites-le si vous *sentez* en vous que c'est important de le faire. Trouvez un lopin de terre et aimez-le : il vous le rendra. Et érigez-y votre demeure, que ce soit un palais ou un abri. Oui, un abri sous un arbre. C'est parfait, du moment que le lopin de terre vous appartienne. Faites-le pour recouvrer votre souveraineté. Quant aux dollars américains, « In God We Trust », eh bien, durant les jours qui viennent, vous devriez investir dans l'or. Car l'or a été à la base d'un système d'échange qui a duré trois mille ans. En dernière analyse, l'or sera la seule valeur capable d'assurer votre complète souveraineté lorsque la carte remplacera le papier.

Après la dégringolade du début, votre marché boursier se rétablira naturellement, et plusieurs personnes feront de l'argent à même vos impôts. Vous devez savoir ceci à propos de l'élite : ces gens ne paient pas d'impôts. Autre chose : leurs dollars sont déposés en liasses dans des endroits sûrs. Ils n'ont jamais payé d'impôts. Mais vous allez en payer, tel qu'on peut le voir en ce moment.

Jouer avec des illusions

Les gains que certains individus réaliseront à l'occasion de l'effondrement du marché boursier conféreront à ce dernier une allure attrayante et intéressante. Mais ce gain se réalisera sur votre dos !

Je veux que vous compreniez bien qu'il y a mieux à faire avec votre argent que d'acheter des actions intangibles. Car lorsque vous vous adonnez à ce jeu, vous jouez avec des illusions... et quelqu'un d'autre tire les ficelles de ces illusions.

Ce sont les choses tangibles qui vous soutiendront au cours des temps qui viennent. Votre alimentation et votre liberté dépendront de ce que vous posséderez un lopin de terre bien à vous, qui vous appartiendra tout au long des turbulences qui s'annoncent. Sur ce terrain, vous aurez votre abri, par la grâce du Dieu en vous, et ainsi vous passerez à travers tout ce qui s'en vient.

Les choses tangibles : un lopin de terre ; la bonne terre. Vous ne possédez jamais vraiment la terre. Elle est là pour votre usage. Elle vous sert de demeure au cours de cette expérience terrestre. Et elle sera là aussi longtemps que vous y recourerez. Elle vous fortifiera, vous nourrira et vous soutiendra. Et l'or paiera vos dettes, de sorte que personne ne pourra mettre son grappin sur vous. Et vous survivrez grâce à votre réserve de nourriture, car, après ce jour, tout deviendra erratique. Le désordre s'installera et des événements se produiront à tout moment. Après ce jour, vous vivrez dans un monde déboussolé, car la nature a déclaré la guerre.

Les *Hommes Gris* se débattent. Ils essaient de garder leur plan secret, mais *bénie* soit la personne qui a révélé la vérité. Et ils sont plusieurs à dire la vérité qui n'ont jamais entendu parler de Ramtha. Et il y en a qui s'éveillent. Puisez dans la nourriture les forces nécessaires pour traverser la tribulation qui vient. Dans les derniers jours, les États-Unis deviendront une nation radicale. Une nation radicale composée de gens radicaux qui se dresseront contre ceux qui ont voulu les réduire en esclavage. Tout cela surviendra dans ce pays. Et le message le plus percutant viendra du vaste Nord-Ouest américain.

Maintenant qui gagnera la guerre ? Le camp de la lumière. C'est écrit dans la destinée. Cela a été décidé. Et la nature marche avec la lumière. Se maintenir en vie signifie posséder sa propre source d'énergie, être propriétaire de son terrain et fortifier son corps. Cela signifie devenir souverain et apprendre à satisfaire ses propres besoins en redevenant, s'il le faut, des gens simples. Il n'y a rien de mal à cela. De plus, je vous conseillerais de ne pas accepter la marque de la bête, la carte de débit, bien que vous soyez libres de faire ce qu'il vous plaît, c'est vous que cela regarde. La carte de débit n'est pas encore une loi absolue dans le monde. Mais on travaille à l'y introduire subtilement.

Combien de temps cela prendra-t-il ? Il faut que le système économique mondial, basé sur l'argent, s'effondre à l'échelle de la planète, pour que la carte de débit puisse s'imposer comme la panacée. Comme il nous apparaît en ce moment, il vous reste quatre ans pour bâtir votre richesse et asseoir votre souveraineté. (Ce laps de temps doit être calculé à partir de novembre 1987, date de l'enseignement livré par Ramtha et résumé dans le présent ouvrage.) Quatre ans durant lesquels vous pourrez encore vous servir de votre papier-monnaie pour réaliser votre souveraineté.

Ces quatre années, de l'avis même des gens qui gouvernent le monde, constituent le délai limite à l'accomplissement de leur objectif. Il y a un tas de choses qui vont se produire durant ces quatre ans !

Quant aux jours à venir, nous avons parlé de l'économie et expliqué pourquoi les choses sont ce qu'elles sont. Nous avons parlé de la Terre et de ses changements et dit pourquoi elle doit subir ces changements. Nous avons aussi effleuré la question du choix et de votre divinité que cache votre capacité de choisir.

Je vous ai dit qu'il y avait de l'espoir ? Vous vous rappelez ? Oui ? Je vous ai dit qu'il y avait des alternatives. Vous vous rappelez ? Oui ? Ceux qui ont une juste compréhension des choses, qui sont libres, ont devant eux des options extraordinaires. Ceux qui s'assurent une parfaite autonomie, qui vivent chez eux sur leur terre et ne dépendent pas de la communauté économique, ceux-là ont le choix entre plusieurs options.

Il y a beaucoup plus de gens au fait de ces informations que de lecteurs de ce livre. Beaucoup de gens en dehors des États-Unis sont également au courant. Pensez-vous que les grands magnats de la finance ont des fermes, se font creuser des puits et convertissent leur argent en lingots d'or et d'argent par simple caprice ? Ils ne sont pas de « pauvres rustauds » en train de gober les bobards que leur servirait un quelconque personnage sur l'avenir. Ce sont des entités qui savent et ils ont déjà fait leurs provisions. Où pensez-vous que les *Hommes Gris* s'en vont ? Ils vivent en *montagne*. Ils ont leur refuge. Naturellement, ils possèdent leurs palais, mais ils ont également leurs endroits sûrs. Pensez-vous qu'ils n'ont pas envisagé la possibilité que tout s'effondre ? Oh ! Ils sont joliment bien préparés.

Mais alors, est-ce que tous ces événements ne sont là que pour servir à une poignée d'individus spiritualisés à la remorque d'une entité abusive ? Pas du tout !

C'est uniquement par suite de la montée de tels egos altérés que les hommes ont quitté la terre, leur terre, et sont allés s'entasser dans les grandes villes, où ils sont devenus les esclaves de ceux qui les possèdent. Ce n'est que récemment que l'humanité a cessé de faire pousser et de récolter sa nourriture, et de faire des provisions. Aujourd'hui, avec toutes vos commodités, cela doit sembler plutôt ridicule d'entreposer de la nourriture. Pourtant, c'est ce qu'une personne sage fera. Plusieurs de ces sages ne connaissent rien de moi ni de vous. Néanmoins, ils savent et sont très conscients de ce qui va se passer.

Pourquoi le cosmos n'a-t-il pas dit : « Eh, vous ! Réveillez-vous ? »

Étant donné que vous n'êtes pas seuls ici bas, pourquoi le cosmos n'a-t-il pas dit : « Eh, vous ! Réveillez-vous ! » En effet, pourquoi vos frères qui sillonnent l'espace dans leurs grands vaisseaux lumineux n'ont-ils pas parlé à l'humanité ? Pourquoi Dieu, la Grande Pensée, ne vous a-t-il pas parlé ? Pourquoi gardent-ils tous le silence. Eh bien, ce silence ne durera pas davantage. Car chaque partie de toute chose est le Tout dans le tout. Celui qui est, Dieu, le principe Mère/Père, a gardé le silence et a permis que tout ceci, le drame humain, se manifeste, afin que l'humanité puisse s'épanouir par l'usage de la volonté qui lui a été conférée, afin que vous puissiez évoluer par votre faculté de choisir, devenir l'Homme-Dieu, la Femme-Dieu réalisés. Et Dieu a ainsi toléré et permis le déroulement du drame humain.

Imaginez que l'espace pourrait parler !

Ainsi la Grande Pensée (imaginez que l'espace pourrait parler !) n'a rien dit tout haut. Vous avez entendu parler des anges. Il y a une multiplicité d'anges. Certains sont des entités vibrant sur une fréquence plus élevée ; ils constituent des masses d'énergie puissantes. Et il y a ces anges qui, depuis les temps anciens, sont apparus aux peuples de cette Terre, leur ont apporté des prophéties et ont tenté de les sortir de leur insouciance. Ces anges viennent dans de grands vaisseaux. Ce sont les formes éblouissantes, les vaisseaux lumineux que vous apercevez parfois et qui deviendront à l'avenir plus visibles dans vos cieux.

Si vous croyez que vous êtes la seule merveille dans cet univers, vous êtes plus étroit d'esprit que je ne l'avais cru

Un nombre croissant de personnes auront des contacts avec ces êtres. De plus en plus, car ils *existent*. Si vous trônez en pensant que vous êtes la seule merveille dans cet univers, vous êtes plus étroit d'esprit que je ne l'avais cru. Et si vous pensez que parmi les dix milliards de soleils de la Voie lactée (autour desquels des univers entiers gravitent), si vous pensez donc que cette émeraude avec son soleil jaune situé sur la périphérie de l'esprit de Dieu est la seule scène où se joue le drame humain, vous manquez de vision. Je vous en enverrai une révélation. Ainsi soit-il !

Ils sont parvenus à maîtriser le cours du temps

Vous avez des frères et des sœurs, doués d'intelligence et humains comme vous, qui vivent ailleurs que sur la Terre. Bien sûr, leur aspect diffère du vôtre, car ils vivent dans un autre environnement. Vous vous souvenez ? Le soleil bleu et l'absence de vert ? Il y a des systèmes planétaires différents et l'environnement modifie l'être humain. Mais cela ne les rend pas moins beaux ni moins affectueux.

Cela ne signifie pas non plus qu'ils soient dépourvus d'âme. Car ils en ont une. Ces entités ont joué un rôle important dans votre évolution. Rappelez-vous : le temps dans lequel vous évoluez se déroule très lentement. Vos frères et sœurs de l'espace sont pour leur part parvenus à maîtriser le cours du temps. C'est ce genre d'intelligence qui vous attend au niveau de la Superconscience.

Maintenant, ces entités sont très conscientes de ce qui se passe ici. Elles sont au courant de la destruction des éléments de la Terre. Elles savent ce qui arrive à la stratosphère. Elles sont parfaitement informées. Pourquoi cet intérêt ? Parce qu'elles sont vos frères et vos sœurs et que votre Père est aussi le leur. Elles sont les anges de l'antiquité qui sont apparus aux humanités passées. Ce sont elles qui ont transmis les visions de l'Apocalypse. Oui, elles ont inspiré l'esprit des prophètes et les ont incités à parler. Dans tous les pays du monde. Ce ne fut pas accordé qu'à Abraham et à son peuple, mais aussi aux peuples qui l'ont précédé, dans le but d'aider l'humanité à sortir de la stagnation et de poursuivre son évolution !

Ils ne viennent pas ici pour vous enlever et vous transporter en d'autres lieux

Ils ne sont pas ici pour vous sauver, mais pour vous aider. Ils ne viennent pas vous enlever et vous transporter en d'autres lieux. Pourquoi voudraient-ils le faire ? Ils ont assez à faire avec leur propre environnement. Non, mais c'est vrai. Regardez ce que vous avez fait du vôtre. Pourquoi vous lâcheraient-ils sur le leur ?

Ils sont ici pour aider à sauvegarder la Terre. Ils sont alignés avec son mouvement. Ils se présentent comme des intimidateurs, pour tenir en respect le grand spectre appelé ego altéré. Ils sont ici pour arrêter la guerre contre les quelques radicaux de Dieu. Et leur puissance de feu sera tel un scorpion descendant du ciel. Ils sont ici pour aider ceux qui ne toléreront pas qu'on les dépouille de leur liberté, ultimement de leur indépendance, et pour faire pression sur ceux qui voudraient faire le vide. Ils sont dans votre camp.

C'est terminé

Ces frères et sœurs de l'espace agissent en harmonie avec la Terre et son mouvement, et s'efforcent d'enrayer l'enserrement de l'économie et l'asservissement ultime du monde. Ils agissent pour le compte d'une voix singulière qui n'a jamais été entendue : la Voix de Dieu. La Voix venue de toutes choses, de l'étoile la plus éloignée, au-delà de la vision que vous vous faites de l'espace, à travers tous les niveaux de tous les univers, une voix qui prononce les mots qui n'ont jamais été dits... et ces mots sont : « C'est terminé ».

La fin du temps

Ce décret marque la libération finale du joug de l'ego altéré. En effet, comment l'humanité peut-elle continuer de s'épanouir lorsque disparaît la base même de cette évolution — l'aptitude donnée par Dieu d'exercer sa volonté, de procéder à des changements, de choisir ? Ne comprenez-vous pas ? Lorsque vous renoncez à votre capacité de choisir (au point de ne plus avoir le choix, mais d'être possédé), c'est la fin du temps.

Rappelez-vous maintenant que le temps, qui est la manifestation de la destinée, repose sur le choix et l'attitude du moment. Il jette les bases du futur.

Et lorsque le futur ne fait plus de place au choix, mais a plutôt dégénéré en une masse humaine qui a *complètement* abdiqué son pouvoir, alors l'évolution devient absente du drame humain, de l'esprit humain. Car quel sens aurait la vie sans le choix ? Que serait l'évolution en vérité ? De quoi l'esprit se délecterait-il ? Où serait la liberté sauvage de l'âme ? Et vers quoi pourrait-elle évoluer ? Périrait-elle et reviendrait-elle encore se réincarner au niveau d'une âme qui aurait complètement dilapidé son pouvoir ? C'est cela que signifie la carte de débit.

La carte n'est pas mauvaise en soi. Elle est simplement un instrument. L'instrument par lequel vous renoncez à votre droit inaliénable à la liberté, en vérité votre droit divin de choisir d'être un individu vivant et indispensable, un être humain glorifié au sein de l'éternité. Et le temps approche de la fin. Ne comprenez-vous que c'est ce qu'on entend par la fin du temps ? Le temps n'a de sens qu'en fonction du changement, de l'évolution. L'évolution n'a plus de raison d'être, si on supprime le temps. Et pourtant le temps et l'évolution sont une seule et même chose. Ils sont inhérents au mouvement de la vie, ils doivent coexister en tant que vie, que continuité. Et lorsque vous n'évoluez plus, que vous n'avez plus la faculté de choisir, si ce n'est par l'intermédiaire de cet instrument que constitue la carte de débit, alors vous avez choisi d'abandonner votre droit divin à l'individualité et à la manifestation de votre destinée. Compris ?

À quoi bon le travail et la terre s'il n'y a plus de liberté ?

Cet enseignement se révèle de plus en plus incroyable au fur et à mesure qu'il se dévoile. Où veulent donc en venir vos frères aînés ? Ils veulent vous donner le choix de la continuité, à vous, les quelques radicaux. Car, après tout, qu'est-ce qu'une enclume ou une charrue pour eux ? À quoi bon le travail et la terre s'il n'y a plus de liberté ? Cela ne veut plus rien dire. L'expérience que vit l'humanité vise à lui faire comprendre ceci. Il lui reste encore à réaliser le magnifique potentiel du Christ en vous, à réaliser la *noblesse* de cette humanité, homme et femme. Il vous reste encore à comprendre ce que vous pouvez accomplir sans la tutelle de l'ego altéré. Vous devez encore réaliser ce que vous pouvez être en dehors de toute limitation. Voilà ce qui motive cette intervention. Voilà pourquoi il est nécessaire que la nature réagisse. C'est pour ces raisons qu'*ils* accourent à votre aide.

Savez-vous que vous savez déjà ? Savez-vous que vous faites des choix sans le savoir ? C'est ce dont il est question dans ce livre. Sa lecture vous communique la connaissance sur laquelle vous vous appuyez pour choisir. Vous pouvez toujours vous procurer l'instrument, la carte, mais au prix de votre âme. Vous pouvez par contre la refuser et vivre au crochet de la Terre qui prendra soin de vous. Ce faisant, vous serez reconnus, même par vos frères aînés. Ils le sauront, dans ces temps qui viennent.

Sans l'instrument, l'Ordre mondial ne peut contrôler vos mouvements. Pensez-y !

Je vous ai dit qu'il n'y aurait jamais de guerre nucléaire : c'est la vérité. Même les *Hommes Gris* ne peuvent pas s'en permettre une. Si vous ambitionnez de devenir l'autorité ultime, quel intérêt auriez-vous à tout faire exploser ? Donc, en quoi consistent les jours de feu qui s'en viennent ? Le feu. Pour une bonne part, il concerne les changements à l'intérieur de la Terre. Également des feux qui feront rage à la surface de la Terre et seront hors de contrôle. Oui, ils s'en viennent ; ils ont déjà commencé et ils continueront. Qu'est-ce que cela signifie ? À partir du moment où la poignée de radicaux d'une nation radicale vont se lever et dire : « Assez ! Nous ne ferons pas cela », une guerre globale s'ensuivra pour la première fois dans cette contrée. Et cette guerre sera accompagnée de menaces de destruction nucléaire. Car ils possèdent les « jouets ». C'est lorsque les *Hommes Gris* feront peser cette menace que la voix se fera entendre : « C'est terminé ».

L'ensemble est affecté par l'individu

Vous verrez dans le ciel une armada défiant l'imagination. Elle fait partie du camp que vous avez choisi, car on sait qui vous êtes. Et les champions de l'aventure humaine émergeront. Plusieurs d'entre eux ne sont pas dans cet auditoire. Ils sont ailleurs. Ils ont la connaissance innée de ces choses. Ils se sont permis d'en devenir conscients. Ils ont dépassé leurs peurs. Ils savent. Et on les connaît. Il y a des individus dans d'autres pays qui savent également. Comment ont-ils su ? Ils savaient tout simplement. Ils l'ont appris du Seigneur Dieu de leur Être qui a entrepris de vivre courageusement. Ils savent. Donc, il y a plus de personnes qui savent qu'il y en a qui liront ce livre. Beaucoup, beaucoup plus.

Vers l'an 2042, la Terre reprendra l'apparence qu'elle avait lorsque je l'ai connue

Bientôt vos frères vont vous aider à nettoyer la stratosphère. Ils savent comment le faire. Le réensemencement de la Terre, ainsi que la stabilisation de son mouvement et de son climat, lui redonneront, vers l'an 2042, l'apparence qu'elle avait lorsque je l'ai connue. La végétation sera luxuriante, d'un vert vivant, les cieux seront bleus et l'eau sera propre. Voilà la destinée de la Terre. Et elle se guérira elle-même. On peut déjà s'en rendre compte. C'est inscrit dans son destin. C'est la loi. Ainsi soit-il !

Il est de retour

Parmi cette multitude qui est de retour, il y a Yeshua ben Joseph, Jésus, Christ manifesté qui a vécu et vit toujours. Car cette entité, cette entité *bénie,* a manifesté Dieu en tant que Dieu vivant à travers l'homme. Il y a eu de nombreuses croyances concernant ce grand Christ mais ce n'est pas le sujet traité ici. C'est plutôt le fait qu'il soit bien vivant.

Cette entité s'est appliquée à enseigner que ce qui était en lui est également en vous. Et il a promis de revenir. Il est de retour, avec l'armada. L'entité, Yeshua ben Joseph, est un Dieu manifesté qui faisait accourir les anges sur un signe de lui. Et je parle ici d'entités visibles et invisibles. Car il possédait la grande omniscience qui le rendait conscient de leur présence. Ce que vous ne voyez pas, il l'a vu et il continue de le voir.

La résurrection du Christ (qui signifie l'homme-Dieu réalisé et au même titre la femme-Dieu, bien sûr), c'est le Christ qui revient absoudre ce qu'on a appelé un démon, ce qu'on appelle l'ego altéré. Il vient l'absoudre et aller de l'avant avec le plan divin pour l'homme, qui consiste à créer, à choisir, à vivre et à consolider l'évolution. La seconde venue du Christ n'a pas lieu en dehors de vous. Elle n'est pas « là-bas ». Elle est à l'intérieur. La Bataille d'Harmaguedon est à l'intérieur. C'est le combat de votre Christ intérieur, qui vient reprendre sa place légitime à l'intérieur et provoquer ainsi la défaite de l'ego altéré de l'homme. Votre ego altéré, c'est l'Antéchrist. L'Antéchrist n'est pas à l'extérieur de vous. Lui aussi, il est à l'intérieur. Et c'est cela la bataille, le combat entre votre propre Christ et votre propre Antéchrist.

Mais l'entité connue sous le nom de Jeshua ben Joseph va revenir également. Oui, ainsi que plusieurs entités magnifiques, car ils font partie d'une dimension où le temps n'existe pas. Ceci n'étant pas dit dans le but d'annoncer une révélation quelconque, ni d'effrayer qui que ce soit. Mais simplement pour dire les choses telles qu'elles sont. Car dès qu'on entendra cette voix venant de toutes parts et de toute vie proclamer : « C'est terminé. Voici que c'est accompli ! », des dimensions entières s'ouvriront et l'expérience humaine héritera d'une possibilité nouvelle de croître dans la magnificience du royaume intérieur.

Ceux qui auront vécu pour la gloire de Dieu à l'intérieur d'eux-mêmes se réjouiront

Une armada entière est déjà en place. De plus en plus, vous en verrez des éléments dans vos cieux, comme je vous l'ai promis. Et un jour, vous l'apercevrez dans sa totalité. Et ceux qui auront vécu pour la gloire de Dieu à l'intérieur d'eux-mêmes se réjouiront. Car ce qu'ils ont toujours su à l'intérieur deviendra manifeste. Ce qu'ils ont toujours vécu, expérimenté et soupçonné (le Dieu invisible à qui ils parlaient) sera révélé.

Quant au Dieu que tous croyaient imaginaire, ils entendront retentir la Voix de toute Vie lors des tribulations. Les derniers jours qui marqueront le commencement des nouveaux.

Cette période de changement, cette valse précipitée des tyrans sera alors terminée. Les derniers jours cauchemardesques de cette tyrannie et de l'expérience humaine (recours à la guerre et aux tueries dans le but de garder le contrôle), ne jalonneront plus jamais le royaume humain.

Le message des jours à venir vous affectera tous, peu importe le degré d'attention que vous apportez à la lecture de ce message.

Car ce que vous lisez ici en ce jour constitue le verbe vivant, et le verbe vivant se manifestera. Vous deviendrez conscients de ces choses au fur et à mesure qu'elles se manifesteront dans votre environnement. Réjouissez-vous-en. Cela signifie la fin de la peine et du désespoir, de la guerre et de la mort, la fin de la maladie. La haine et l'amertume prendront fin. Car ces émotions accompagnent l'ego altéré — l'Antéchrist. Ainsi soit-il !

Je vous aime grandement, sachez-le. Aussi exorbitant que tout cela puisse paraître, c'est la vérité. Incroyable, impalpable, inutilisable. Comme une douche sur la tête. Mais c'est cette vérité qui vous rendra libre, pour l'éternité. Vous n'avez qu'à examiner votre propre vie pour voir à quel point votre ego altéré s'y est incrusté. Vous n'avez qu'à observer les effets qu'un ego altéré en quête de pouvoir peut exercer dans votre propre petit monde intime. Et si vous pouvez le percevoir clairement dans votre propre vie, alors pourquoi ne le pourriez-vous pas à l'échelle mondiale ? C'est faisable.

Écoutez bien, il y a également une autre chose que j'ai entrepris de vous faire savoir à tous, c'est que vous êtes divins. Oui, divins. Même vos excréments sont divins, car ils sont la vie. Rien n'est vulgaire ni vilain quand il s'agit de la vie. C'est une chance, une grande chance que de vivre, de contempler un lever de soleil, de recevoir la lumière de la pleine lune.

Mais cela a été une tâche ardue, c'est le moins que l'on puisse dire, que d'essayer de franchir la barrière de vos egos altérés et de faire pénétrer le message que vous êtes divins en votre for intérieur, là où il pourrait être vécu.

Je vous ai enseigné et tâché de vous faire progresser de tant de façons ! Tout ce qui pouvait y contribuer, je l'ai accompli. J'ai fait tout ce qu'il y avait à faire pour secouer votre « cage », pour vous tirer de votre léthargie, afin que vous puissiez voir quelque chose d'important, quelque chose qui vous affecte tous. Ce que je vous avais annoncé relativement au changement et aux jours à venir a déjà été corroboré : c'est en cours.* Ainsi en sera-t-il des prédictions contenues dans ce livre. Et tout cela se produira conformément aux visions d'aujourd'hui, que ce soit par le fait des hommes ou par réaction de la nature à celui-ci.

---

*Ramtha a déjà exposé les changements qui surviendront à l'échelle planétaire dans un autre ouvrage. Cet ouvrage est disponible en langue anglaise sous le titre *Changes: The Days to Come* publié par Sovereignty, Inc., Box 926, Eastsound, Wa., U.S.A. 98245.

Vous êtes la substance de vos choix

Essayez de dire : « J'aime Dieu » et « Je suis divin ». Dites : « J'aime Dieu » et laissez cette affirmation se répercuter totalement à l'intérieur de vous. Qu'est-ce que votre vie en regard de toute l'éternité ? À quoi ressemblent vos choix confrontés à toute l'éternité, au souffle de vie qui vous appartient, à ces quelques instants ? À quoi sert-il de dire : « Oui, ce Dieu qui est à l'extérieur, est à l'intérieur de moi et je suis divin » Vous êtes la substance même de vos choix. Voilà une grande affirmation, mais c'est la vérité.

Je n'ai fait qu'effleurer la surface des choses dans mes prédictions. Et pourtant, il ne s'y trouve rien qui ne puisse être modifié si, dans l'instant qui suit, trois des *Hommes Gris,* et je dois utiliser le terme « Hommes Gris » parce qu'il sied bien, si donc trois *Hommes Gris* voyaient soudainement la lumière, ils pourraient à eux seuls anéantir complètement le reste du plan. Ne croyez-vous pas que la lumière ne leur soit envoyée ? Elle l'est !

Ne réalisez-vous pas qu'en communiquant aux législateurs cette information, telle qu'elle se présente en ce moment, on leur fournit, de façon gracieuse, l'occasion de changer ? Ils sont des dieux, ils sont remplis de lumière divine, exactement comme vous.

C'est une manifestation de la destinée que de vous parler de vos décisions. Ne le savez-vous pas ? De même que de vous faire part des visions actuelles vous donne le droit de changer d'idée ? Comprenez-vous ?

Maintenant que vous le savez, vous pouvez faire quelque chose à ce sujet. L'ensemble peut être affecté par l'individu. Oui, c'est ainsi. Et ces *Hommes Gris* vous tiennent à la gorge lorsqu'il est question d'argent. Mais pensez-vous qu'on ne les aime pas ? On les aime. Tel qu'on peut le voir en ce moment. Et ce moment a sa place à travers ce que je vous ai dévoilé en ce jour. Des villes vont trembler et s'effondrer. Les gens seront rassemblés en une conscience unique. Ils seront intimidés. Et la Terre continuera de tourner.

Jusqu'où va votre détermination ?

Ne savez-vous pas que dans l'instant qui suit, et qui fait partie du futur, tout cela pourrait changer ? Oui. Mais jusqu'où va votre détermination ? Êtes-vous disposés à changer suffisamment pour vous accumuler des provisions ? Si vous ne parvenez pas à en voir la nécessité, alors qu'est-ce qui vous fait croire que l'ensemble de l'humanité pourra réduire sa consommation de carburant fossile, indépendamment du fait que cela détruit laTerre ? Si vous ne pouvez sentir le besoin d'emmagasiner votre propre nourriture, pourquoi les *Hommes Gris* ressentiraient-ils la nécessité de mettre un terme à leur cupidité ? Est-ce équitable ? Oui, ça l'est.

Ce que vous pouvez faire de mieux pour l'humanité est de dire : « Non, merci. »

Le changement exige beaucoup de courage. Cela demande du courage pour rejeter un futur si bien planifié dans tous ses détails : le succès, l'argent, la gloire et la reconnaissance d'avoir fait quelque chose d'historique pour l'humanité. Laissez-moi vous dire quelque chose qui pourrait vous choquer. Ce que vous pouvez faire de mieux pour l'humanité est de dire : « Non, merci. » Ce n'est pas ce que vous attendiez, n'est-ce pas ? Ce n'est pas ce que l'école, vos parents et le système avaient programmé pour vous, n'est-ce pas ?

Donc, que vous réserve l'avenir ? Cette information affectera beaucoup de destinées et pourtant, l'avenir sera aussi puissant que le moment vécu le sera. Plus la conscience s'élèvera, grâce à une information éclairée, à la connaissance et à la compréhension, plus vous aurez de chances de vous réveiller et de survivre.

Observez ces poissons qui gisent sur la plage. Que vous disent-ils ? Regardez l'arbre. Pourquoi est-il en train de mourir ? Cela ne prend qu'un instant pour vous réveiller. Et si de plus en plus d'individus se réveillaient, le monde entier pourrait changer du jour au lendemain. Comprenez-vous ? Car la nature est certainement de votre côté et cela constitue une des relations les plus compatibles, aussi longtemps que le respect et la considération pour la vie seront présents.

Vous avez la possibilité de semer

Je vous aime, maîtres, car j'ai été l'un d'entre vous. Et même en cette heure, alors que vous lisez ces pages, je m'adresse à vous dans ce que l'on pourrait sûrement considérer comme une forme d'expression inhabituelle.

Enlevez le gardien de la porte, mettez votre ego altéré de côté ; laissez vos jugements s'évanouir et écoutez ces paroles. Vous avez le pouvoir de changer votre réalité personnelle, de vous exprimer dans la joie. Vous avez la possibilité de semer et de voir le blé pousser. Vous avez le pouvoir nécessaire de peser le pour et le contre, mais cela demande du courage pour établir cette différence.

Vous êtes en train de lire cet ouvrage dans le but de glaner de l'information sur votre avenir. Vous voulez savoir ce qui se passe et ce qui se passera. Vous avez choisi ce livre pour comprendre. Cela requiert du courage, mais le plus grand courage vient de Dieu à l'intérieur de vous, non de votre ego altéré. Et ce magnifique courage est conjugué spécifiquement avec la poussée qu'on appelle l'évolution / la nature / la vie. Cela exige du courage pour prendre soin de vous-même. Cela prend du courage pour vivre votre propre lumière, de telle sorte qu'elle puisse s'irradier pour le monde entier. Il faut être une entité exceptionnelle pour vivre comme cela. Certains d'entre vous sont suffisamment exceptionnels et juste assez extravagants pour être cette lumière.

Il n'y a pas de dignité dans l'asservissement, il n'y en a jamais eu. La seule dignité réside en un être humain libre et souverain. C'est cela la dignité humaine. Et l'homme souverain est celui qui vit sa dignité au meilleur de ses capacités et ce, dans son propre monde intime pour toute l'éternité.

Personne ne vous a mis dans ce pétrin. Personne n'a forcé l'humanité à être dans une telle condition. Vous avez plutôt choisi le confort qui a permis à tout cela de se produire. Une illusion qui a créé une zone de sécurité ; un genre d'assentiment consistant à ne prendre aucune responsabilité pour votre vie personnelle. Cela a consisté à vous décharger de vos responsabilités face aux gouvernements, politiciens, rois, fabricants du papier-monnaie, et aux banquiers. Vous leur avez donné le pouvoir de décision sur votre monde, ce à quoi il devrait ressembler et comment il devrait être géré, quitte à les blâmer si cela ne faisait pas l'affaire ! Mais cela vient de vous et de ce que vous êtes.

Vous pouvez défaire ce que vous avez créé

La souveraineté est une chose pratiquement perdue. C'est presqu'un rêve mythique, quelque chose d'intangible dans ce monde de réalités et de faits froids et durs. Pourtant, c'est l'objectif ultime de toute entité que de parvenir à cette compréhension. Vous pouvez défaire ce que vous avez créé en vous sortant du piège et en allant de l'avant. Cela peut vouloir dire de vivre à partir de votre terre, dans une cabane et de faire pousser votre propre nourriture. Si cela signifie accumuler le plus d'or possible dans les prochaines quatre ou cinq années (comptées à partir de 1987) et laisser le génie éclore en vous chaque fois que vous en avez l'occasion, pour obtenir votre liberté, alors faites-le. Je vous aiderai. Ainsi soit-il !

Chaque chose ennuyeuse de votre vie est une répétition provenant de l'ego altéré

Cela veut dire reprendre votre dignité et votre pouvoir. C'est ce que signifie vivre à partir du Dieu de votre Être, plutôt que de votre ego altéré. Si vous affirmez pour la première fois de votre vie c'est de laisser pousser vos cheveux, alors faites-le ! Si cela veut dire prendre votre vie en mains, faites-le ! Si cela signifie changer et aller de l'avant, alors allez de l'avant.

Si vous êtes conscient que chaque action ennuyeuse dans votre vie se répète inlassablement, réagissez ! Et allez de l'avant.

Le génie naît uniquement dans l'audace d'une affirmation

Et cela peut très bien signifier, pour la première fois de votre vie, de parler avec le Seigneur Dieu de votre être et d'affirmer une vérité avec hardiesse. Et cela peut signifier, peut-être, que tout le monde vous méprisera à la suite de votre affirmation, mais vous serez devenu un individu ! Et vous n'aurez pas besoin d'abandonner quoi que ce soit. Vous n'aurez pas à trahir quiconque pour aimer Dieu. Vous n'aurez jamais besoin de céder quoi que ce soit aux hommes pour l'amour de Dieu. Le génie naît uniquement dans l'audace de l'affirmation et de l'action. Y a-t-il une grande lumière qui marche à vos côtés ? Est-ce que les circonstances vous le permettent ? Êtes-vous choisi ? La foule sans visage ne sera pas choisie, car les gens de cette foule ont choisi de ne pas faire de choix.

Quand le pardon n'est pas à la mode

Vivre de façon trop honnête peut être très délicat. Par exemple, n'est-ce pas hypocrite de votre part de vous indigner du trou dans la stratosphère et, ensuite de monter dans votre automobile, démarrer et aller faire une promenade ? Le fait de vivre de façon honnête est aussi délicat que d'être conscient de la valeur en soi et d'avoir le courage et l'audace de le vivre ouvertement. Cela peut être aussi subtil que de choisir de faire preuve de gentillesse dans une société qui favorise l'indifférence. Peut-être est-ce choisir de pardonner alors que la mode n'est pas au pardon.

Peut-être vous faut-il dire : « À l'intérieur de ma réalité je n'ai pas d'ennemi. Car à l'intérieur de ma réalité seule la gloire de Dieu existe. Et dans la gloire de Dieu omniprésent, il ne réside aucun mal, mais la continuité du bien éternel. Voilà en quoi consiste ma réalité. Car c'est dans le cœur des hommes que naissent la malice et la guerre ; dans le mien, je ne ferai plus de place à ces expressions dorénavant. Je n'ai pas d'ennemis. »

Pouvez-vous être aussi audacieux ? Cela constitue l'expérience d'une vérité réflétée ensuite sur toute la structure de la vie. Le jargon spirituel ne produit aucun effet s'il n'est pas vécu et s'il n'est pas reconnu comme étant la pulsion même de la vie. Une philosophie vous procurera uniquement un lot de verbiage et de répétitions. Elle ne mettra pas du pain sur votre table. Tous les cristaux du monde (vous pouvez vous en entourer, les porter, vous en servir pour travailler, vous asseoir et dormir dessus, les emporter en voyage), n'assureront pas votre survie. Et ils ne vous permettront pas de connaître Dieu. Connaître Dieu est une démarche personnelle.

Tout ce qui est en changement est éphémère. Tout ce qui est en train de se produire peut être changé l'instant d'après. L'ensemble de la race humaine n'a pas eu d'idéaux récemment, uniquement des buts hypocrites. Mais l'idéal n'est jamais à l'extérieur de vous-même, mais plutôt en vous ; il est vous-même. Est-ce compris ?

Comme je vous l'ai dit, vous avez déjà choisi ce qui a été choisi. Et si vous faites des changements maintenant et choisissez de vivre d'une manière qui sera critiquée comme étant stupide, extravagante, inconcevable et comme étant une façon de vivre sans compromis et que cette manière de vivre vous accorde liberté et souveraineté, alors pardonnez à votre frère qui vous critique, car il ne se fait que l'écho des sentiments de ceux qui le possèdent.

Et si vous choisissez d'être le Seigneur, Dieu de votre être, vous verrez la gloire de Dieu et entendrez la voix qui n'a jamais été entendue. Vous assisterez au retour du Christ immaculé et à plusieurs de ses semblables. Vous verrez le Seigneur des Multitudes. Vous verrez la Nouvelle Jérusalem, le Nouvel Âge, comme vous dites. Vous verrez réellement la Superconscience. Avec le retrait de l'ego altéré, le cerveau s'épanouit. Avec le retrait de la peur, l'âme poursuit son évolution. Avec le retrait des cataractes aveugles de la limitation, vous serez en mesure de voir les dimensions et la lumière que vous n'avez jamais perçues auparavant. Vous allez même me voir.

Combien proches sont toutes ces choses ? Votre marché financier sera irrégulier à partir de maintenant et dans le futur ; il a été organisé pour s'effondrer, on a planifié son effondrement, c'est ce qui est à l'ordre du jour.

L'or, en pièces, ne sera pas toujours disponible. Si vous achetez des pièces d'or pur, achetez-les dès que possible. Indépendamment du prix que vous paierez, elles vous permettront d'acheter votre souveraineté dans les jours à venir.

Pour ceux qui travaillent : votre économie est en train de changer et plusieurs des espoirs, rêves et aspirations de la classe moyenne, en Amérique ou ailleurs, ne pourront être réalisés. Et pourtant, il y a une façon plus magnifique de réaliser ces rêves et ces aspirations, non pas dans l'amour de l'argent, mais dans l'amour de Dieu en vous et grâce au pouvoir de manifester ces aspirations. Vous serez aidés à le faire.

Et si vous ne vous êtes pas encore procuré vos provisions, votre nourriture, je vous conseillerais de commencer à mettre de côté des denrées alimentaires, bien que vous puissiez faire un choix différent. Le climat permet la croissance de votre nourriture et ce, à peu près partout dans le monde en ce moment. Les récoltes sont abondantes particulièrement dans le Nord-Ouest de l'Amérique. (Cette information a été donnée en novembre 1987, il est bon de se le rappeler. Bien que la situation n'ait pas changé pour le Nord-Ouest de l'Amérique, il peut en être autrement en d'autres parties du monde, au moment de la parution de cet ouvrage en français.) Profitez de ce qui est présent maintenant, car ce maintenant peut être sujet à changement. Certains lecteurs savent déjà ce que signifie un manque d'eau tout autant que l'achat d'un terrain. L'eau est un élément capital.

Si vous n'avez pas les moyens ni la façon de vous procurer ces choses, mais que vous avez le désir et le besoin de changer, vous serez aidés. Et si vous avez de l'amour les uns pour les autres, aidez-vous les uns les autres. Si vous n'avez pas de terre et que votre frère en possède en abondance, demandez-lui d'y cultiver un jardin et prenez-en soin. Vous récolterez. Et si vous dites ne rien connaître de ce qui est contenu dans ce livre, je vous enverrai des messagers, ils vous aideront à comprendre... si vous en faites le choix.

Et si vous dites : « Ma destinée n'est pas en train de se produire de la façon prospère à laquelle je m'attendais. » Tenez bon. Les événements sont précaires. À quoi sert de gagner le monde entier et en fait, de perdre votre âme, ce qui signifie avoir vendu votre droit de choisir, dans le but de conquérir uniquement l'illusion du monde ? Vous périrez et lors de votre dernier souffle votre plus grande peur se réalisera : quelqu'un acquerra ce qui vous appartenait ! Oui !

Je n'ai en regard des *Hommes Gris* et de l'histoire de votre Terre, pas épuisé le sujet, car il y a plus important.

Je vous dirai ceci : je suis en train de diriger une énergie vers vous, alignée avec le Seigneur Dieu de votre être, de telle sorte que dans la période de temps qui reste pour effectuer des choix en accord avec votre vérité, vous deviendrez très prospères, mais d'une façon telle que vous ne serez pas « achetés » par cette prospérité. Comprenez-vous ce que je veux dire ? Vous êtes joueurs par nature, et faire des paris pour l'âme signifie perdre. Si cela voulait dire gagner, ils n'appelleraient pas cela parier. Comprenez-vous ?

Lorsque vous optez pour le courage, vous l'obtenez. Lorsque vous optez pour la peur, elle se manifeste.

Cette énergie vous fournira l'élan nécessaire pour faire les changements qui vous aideront à combler vos besoins. Mais vous devez faire vos choix d'abord et ils ne doivent pas être engendrés par la peur. Ils doivent être engendrés à partir du Dieu à l'intérieur de vous, car telle est la façon efficace de le faire.

Ainsi, vous ne serez pas la victime de vos choix. Si vous le faites de n'importe quelle autre manière, vous allez en devenir la victime.

Comment se débarrasse-t-on de la peur ? Par choix. Vous choisissez d'être effrayé et vous choisissez d'être une victime. Et vous choisissez de ne pas avoir de courage — c'est aussi simple que cela. Lorsque vous optez pour le courage, vous l'obtenez. Lorsque vous optez pour la peur, elle se manifeste.

Et par dessus tout, ne tombez pas dans la « déprime ». Ce n'est pas ce que je désire. Je ne veux pas vous déprimer, je désire vous éduquer, de telle sorte que vous possédiez une compréhension élargie et lorsque vous regarderez par la fenêtre, vous saurez ce qui vient.

Il n'y a qu'un seul endroit dans votre monde où la guerre fait réellement rage. Toutes les autres « guerres » sont fomentées, créées dans le but de faire naître l'appel à la démocratie, amenant par la suite les prêts pour couvrir les coûts d'installation de cette démocratie. Ces prêts, sous forme de dettes nationales, conduisent ensuite à la vente de la volonté des individus. Les pays réellement en guerre les uns contre les autres en ce moment n'ont rien à voir avec cette manipulation, mais plutôt avec quelque chose de très primitif (guerre faisant rage en novembre 1987).

Je désire, que vous considériez, l'économie mondiale et la percée dans la stratosphère. C'est ce qui est en train de se produire sur votre Terre. Je veux vous informer, et non vous mettre à l'épreuve, ni vous intimider face à cela, mais plutôt vous faire réfléchir. Grâce à cette maturité d'esprit, vous comprendrez et vous ne serez plus dorénavant dans l'ignorance, car personne ne vous avertira du déroulement des événements avant qu'ils ne soient réellement accomplis.

Je vous ai souligné uniquement quelques points de vue dans ce présent texte. Les messagers sont des entités qui vous aident à voir. Le prochain messager que je vous enverrai est une vision à l'intention de ceux qui ne croient pas la vie possible ailleurs. J'ai donc demandé aux vaisseaux brillants de se montrer devant vous. Vous pourrez ainsi voir... deux petits messagers*. Je n'ai manifesté

---

*Messager : un « messager » est une manifestation miraculeuse envoyée par Ramtha, dans le but d'aider un individu face à une situation donnée, un problème, ou encore pour mieux comprendre et expérimenter ses enseignements.

aucune de vos peurs. (J'ai pensé que vous n'aviez pas besoin d'aide supplémentaire venant de l'invisible...)

Je ne vous en ai pas envoyé beaucoup de messagers. Mais les visions et les expériences que vous aurez à la suite de cette manifestation seront inoubliables. Ce que je vous communique dans ce livre est le courage qui émane de ce corps bien-aimé que j'emprunte à l'occasion*. Cela requiert beaucoup de courage de sa part pour permettre à cette information de naître. Car cette information constitue la vérité.

Cela constitue une action très courageuse et très hardie de sa part. Et pourtant, rien n'arrivera à cette famille car je garde la porte de sa demeure.

Grâce à la compréhension de ces choses, mes frères et la poignée des inconditionnels de Dieu seront en mesure de choisir leur identité et leur lieu de travail spirituel. Avec l'information transmise dans ces lignes et grâce à la compréhension de cette information, vous choisirez de vivre le Père intérieur, afin de glorifier ce qui vient.

Je vois votre scepticisme face à cette information. Non seulement mon existence est-elle incroyable pour certains d'entre vous, mais ce que je vous dis l'est tout autant. Je sais à quel point cette information pénètre difficilement votre réalité. Je regarde votre combat !

Il faut avoir un esprit de guerrier pour foncer dans n'importe quelle situation. C'est uniquement lorsque vous vous apitoyez sur vous-même, que vous abandonnez. Vous vous laissez aller en pleurant d'impuissance, vous vous acheminez ainsi vers une mort silencieuse, car quelqu'un vous a mis au tapis en vous disant : «Vous n'avez pas l'étoffe nécessaire pour cela.» Je sais qui en souffre, qui est outré et qui comprend totalement. Je connais les fanatiques et les individus réalistes. Je sais à quel point cela fait souffrir votre être. Mais je sais également qu'il est impératif que vous réalisiez cela pour avoir le courage de faire les changements dans votre vie qui vous permettront de survivre !

Il ne s'agit pas ici de partir en campagne et d'aller vous faire tuer pour votre patrie. Savez-vous combien de

---

*Ramtha fait allusion au corps de J.Z. Knight qu'il emprunte pour transmettre son message.

gens sont morts pour leur patrie ? Ils n'avaient pas vraiment à mourir pour leur pays. Ils sont morts pour les combines de quelqu'un d'autre, pour les transactions artificielles de quelqu'un d'autre ; pour le rêve de contrôle de quelqu'un d'autre. Mais là n'est pas la question ; la question réside plutôt dans la communication de ce qui est réel dans le monde et de ce à quoi une personne vraiment libre pourrait ressembler. Vous pouvez affirmer : « Oui, je suis libre. J'ai un compte d'épargne très imposant. » N'est-ce pas le nom donné à ces petits livrets maintenant ? « Comptes d'épargne ». Vous n'enterrez plus votre « or » de vos jours ? Vous le donnez aux banques... en définitive un endroit sûr.

Prendre du poids et s'allonger aux cotés de sa dulcinée

Donc, vous avez tout cela, n'est-ce pas ? Vous avez accumulé une jolie retraite pour le jour où le vieux soldat voudra s'arrêter. Vous pouvez prendre du poids et vous allonger aux côtés de votre dulcinée. Vous n'avez pas de dettes. Vous pouvez faire passablement ce qui vous chante. Et vous pensez que c'est cela la souveraineté ? Mais la vraie souveraineté, c'est de réellement détenir ce qui est absolument à vous, en être le propriétaire et n'être la propriété de personne. Jadis, les gens vivaient de cette façon et, dans un proche avenir, vous vivrez de nouveau ainsi.

Je vous vois résister à cette information et à ce qu'elle signifie pour votre confort, que vous vous êtes acharnés à édifier toute votre vie durant. Vous devez savoir ceci : votre gouvernement vous fait faux bond, car il est contrôlé par des intérêts *extérieurs*. Je sais la douleur que cela vous cause. Je ne suis pas venu pour vous blesser. Peut-être cette douleur vous aidera-t-elle à vous relever et à prendre les décisions appropriées pour votre vie, pour vous-même et votre évolution. C'est ce que je désire.

C'est pourquoi, outre les messagers peu nombreux, la vision d'ensemble et les manifestations de vaisseaux lumineux, ce que je désire le plus que vous retiriez de cet enseignement, c'est l'information.

Je suis venu faire le point sur l'état du monde, pour y attirer votre attention et vous expliquer la raison pour laquelle il se trouve dans cet état, afin que vous ne blâmiez ni Dieu ni la Terre lorsque les événements surviendront et ne réagissiez pas comme une victime lorsque la tempête fera rage et que la Terre ouvrira ses entrailles. Si vous avez été une victime, ce le fut de votre propre ignorance.

La vérité spirituelle n'est pas l'apanage d'une poignée d'entités invisibles ni d'un ensemble de pratiques bizarres. La vérité spirituelle embrasse tout. Il est hypocrite de séparer sa manière de vivre de sa propre vérité spirituelle. Ceux qui vivent dans l'hypocrisie vivent dans la dualité. Ceux qui vivent dans la dualité la répètent vie après vie. Ils en viennent à trouver la vie plutôt monotone, mais ils persistent à la vivre de la même manière d'un bout à l'autre, encore et toujours.

Si vous avez le courage d'aller de l'avant, je serai le vent qui vous poussera dans le dos

Je mets le point final à cette partie du message en vous disant que je ne vous abandonnerai pas, même dans l'invisible. Car je suis un grand annonciateur de la vérité sur Terre et je suis le seul à vous dire ces choses. Et je vous accompagnerai à travers chaque étape de tout ce qui vient. Je sais distinguer les mauvais joueurs des authentiques. Et pour chacun d'entre vous qui se lèvera, que cela soit une élévation imperceptible de l'esprit, ou une réalisation complète et instantanée, si vous avez le courage d'aller de l'avant, je serai le vent qui vous poussera dans le dos. Je vous le promets. Je n'ai pas conçu ce livre dans le seul but de vous fournir des informations, puis de vous laisser choir. Le but de cette folie est de vous voir survivre aux temps qui viennent. Mais je n'aiderai pas ceux qui refuseront de s'aider eux-mêmes.

Un grand pouvoir vous accompagne. Et un jour, en regardant le ciel, vous réaliserez à quel point ce pouvoir est grand. Et, ce jour-là, peut-être verrez-vous également la grandeur qui vous habite. Et si vous me demandez alors : « Méritais-je tout cela ? », je vous répondrai sur-le-champ : « Oui, vous le méritiez ». Oh ! je vous aime. Je n'ai pas l'intention de vous abandonner. Je ne vous conduis pas vers un marais salant en vous disant : « Montez ici votre tente et creusez. » C'est le langage de quelqu'un d'autre.

Moi, je vous dis : « Dirigez-vous vers un endroit sûr, mettez-vous y en sécurité et faites ces choses si tel est votre choix, car de plus grandes choses se profilent à l'horizon. » Je serai à vos côtés pendant tout ce temps. Je serai avec vous, je vous accompagnerai dans vos pensées lorsque vous aurez terminé cette lecture. Je vous accompagnerai dans la plus grande pensée qui soit, dans votre sommeil, où je vous montrerai et vous aiderai à voir des choses sur vous-même, cette nuit et les nuits d'après. Et il ne s'agit pas de choses terribles mais, au contraire, magnifiques.

Lorsque vous reprendrez la lecture de ce volume, nous nous pencherons sur certaines vérités très concrètes. Vous en avez déjà découvert certains aspects dans vos lectures. Cependant, d'autres n'ont jamais été couchés sur papier. Et j'irai jusqu'à dire que l'information qui vous sera donnée vous conduira à un certain nombre de réalisations. Maintenant, au point où vous en êtes dans l'intégration de ces données, puis-je vous suggérer de suspendre votre lecture, de manger quelque chose et de vous reposer. Puis-je également vous suggérer de le faire avec une joie profonde, en contemplant toute cette information nouvelle que vous venez d'acquérir. Entrez-la dans votre banque de mémoire, dans votre esprit, mais surtout amenez-la au niveau du cœur et soyez attentifs à ce que vous allez ressentir. Si vous êtes irrités, interrogez-vous sur le pourquoi. Si vous êtes apeurés, demandez-vous pourquoi vous choisissez la peur. Et si vos idées commencent à remonter à la surface, saisissez-les. Nous allons ensemble les formuler et les amener à l'état de manifestation. Marché conclu ?

DEUXIÈME PARTIE

La valse continue

À l'intention de ceux qui sont allés se reposer avant de poursuivre leur lecture, laissez-moi vous expliquer ce qui a pu vous arriver durant votre sommeil. Pendant que vous dormiez, on a demandé à plusieurs d'entre vous d'examiner de plus près le contenu de vos rêves. À d'autres, on a dit de voir des choses à travers la fenêtre. Les visions qui se sont déroulées sous vos yeux annoncent des événements futurs importants qui surviendront dans votre vie.

Et pourtant, il est possible que vous ne vous en rappeliez pas. Et c'est très bien ainsi, car la vision de l'avenir s'accompagne souvent d'émotions. Et si l'émotion est forte, vous aurez tendance à l'oublier au moment du réveil. Néanmoins, elle est là, juste sous la surface. Si vous grattez cette dernière en tâchant de reconnaître l'émotion, elle vous reviendra.

La façon de se faire avoir en douce

Les éléments de votre système socio-économique exposés dans ces lignes sont extraordinairement efficaces et c'est avec consternation que je décèle chez plusieurs d'entre vous un consentement tacite face à leur action. Vous êtes disposés à accepter tout bonnement ce que la « vraie » vie vous offre. Et cela, chers lecteurs, constitue vraiment la façon de se faire avoir en douce.

Vous savez, il y a dans votre pays des individus toujours prêts à porter le fardeau qu'on place sur leurs épaules sans jamais se demander pourquoi ils sont si accablés. En fait, on rencontre de tels individus partout dans le monde, bien sûr, mais ceux qui comptent pour vous sont ceux de votre pays. Et vous en avez un paquet. Ils ne posent pas la question : « Pourquoi suis-je dans cette position ? » Ils ne demandent pas : « Pourquoi devrais-je permettre que cela soit mon lot ? » « Pourquoi devrais-je être prisonnier et enchaîné pour soutenir un système qui ne fonctionne pas pour mon plus grand bien ? » Ils ne se posent pas de questions. Pourquoi ? Parce qu'ils ne veulent pas savoir ; parce qu'ils craignent que, s'ils savaient, il leur faudrait se lever et dire : « Non ! »

Êtres humains et divins... pensez à cela un moment. On ne peut évidemment pas démontrer l'existence de ce qu'on appelle Dieu, du Ce qui est, à un esprit obtus. Pas plus que son inexistence, d'ailleurs. Tout cela émerge de l'esprit universel de Dieu et votre esprit est une réplique divine particulière de l'esprit de Dieu, l'Esprit éternel, Celui qui est le Tout dans le tout, l'Éternel sans fin, à jamais. Vous êtes identiques et vous provenez tous de la même source.

Le génie ne réside pas dans le connu, mais dans l'inconnu réalisé

Votre corps physique est capable de prouesses remarquables. De même votre cerveau est capable de recevoir une connaissance plus grande, des fréquences de pensée plus élevées, appelées génie. Oui, le génie ! Le génie ne réside pas dans le connu, mais dans l'inconnu réalisé. Et, pour chacun d'entre vous, le génie consiste en l'utilisation plus grande de votre mental. Vous n'utilisez que le tiers de votre potentiel actuel.

Votre vie est la manifestation de votre attitude

Revenons-en maintenant à la divinité de l'être humain. Si vous vous comportez délibérément comme une réplique du Dieu Tout-puissant, c'est-à-dire, si vous agissez en sachant que vous êtes Dieu manifesté, alors vous tenez en main les instruments qui vous sont réservés. Et l'instrument le plus fondamental de tous est la capacité de recevoir la pensée et d'y ajouter votre émotion, parvenant ainsi à la créer, à lui faire prendre forme. Car la destinée consiste simplement en des pensées reçues et fécondées par l'émotion.

Collectivement, elles constituent votre attitude. Et elles reflètent votre vie. Votre vie est la manifestation de votre attitude !

Et pourtant, regardez-les, ces êtres humains hypnotisés, plongés en pleine léthargie. Ils ont accepté la technologie mise à leur portée, sans effort. Voici l'être humain divin devenu incapable de penser par lui-même. Il a abandonné ce qui constitue le droit inaliénable de l'être humain. Le droit divin de penser et de choisir, voilà ce qui vous rend différents ! C'est par là que vous êtes divins ! Vous avez en vous la capacité d'embrasser la pensée illimitée et de la matérialiser. Vous pouvez le faire !

Vous êtes le dessein divin de Dieu. Vous êtes chair et sang, sans réserve et inconditionnellement, et complètement libres d'exister dans votre forme, cette création de chair et de sang qui vous permet d'explorer votre moi véritable. Voilà tout ce qu'il y a. Et vous avez la possibilité de vous manifester en totalité, non seulement par le biais de la pensée, mais de la vie elle-même. À quoi bon se limiter à la seule pensée quand tout cela peut être vécu. Si ce n'est pas vécu, ça ne vaut rien. Ça n'existe pas, c'est uniquement une pensée sans forme. Et lorsque j'observe le déroulement de la conscience sociale dans l'aventure humaine, je vois des entités bien munies de corps et d'esprit, mais qui vivent comme des *sangsues*. Elles vivent aux crochets des autres. Pourtant, elles peuvent devenir autonomes si elles le désirent. Et je les vois en train d'attendre que le monde entier prenne soin d'elles, parce qu'elles en semblent incapables.

Je vois ceux qui prennent soin de ces gens et apportent leur aide avec charité et amour. C'est là une vertu *sans limite.* Mais si vous êtes de ceux qui vivent des fruits du labeur ardu de quelqu'un d'autre, quand vous pouvez être un génie, vous êtes encore plus abruti. Vous avez refusé de vivre. Mais, comme vous existez, il faut vous prendre en charge et s'occuper de vous.

Une démocratie engendre des tyrans

Je regarde ce qu'on appelle la classe moyenne. Savez-vous que sans la classe moyenne, vous n'auriez pas de république ? Une démocratie engendre des tyrans. Une république, c'est la souveraineté du peuple. Je vois votre classe moyenne appuyer l'idéal que vous appelez la démocratie. Je la vois soutenir le riche et le pauvre. Surtout, je la vois se charger les épaules en acceptant tout ce que votre gouvernement lui impose.

Il y aura de la grogne aux États-Unis

Il y aura de la grogne aux États-Unis lorsqu'on augmentera les impôts. Oui, il y en aura ! On trouve encore, dans ce pays, des *individus* intraitables et assez libres d'esprit pour réaliser qu'ils n'ont pas à supporter de fardeau supplémentaire pour le bien des riches, qui s'enrichiront davantage grâce à leurs investissements. On trouve encore des individus intraitables, capables de voir à travers les manœuvres politiques, concoctées pour vous amener à prendre soin des *masses* qui ont choisi de se laisser vivre. Il y en a qui décèlent le dessein politique derrière cette ruse.

Et certains parmi vous réaliseront comment la dette publique vous conduit à l'asservissement. Oui !

Les gens pensent que c'est le gouvernement qui imprime le papier-monnaie. Non ! Ce n'est pas lui. Vous faites les frais d'une dette érigée sur la manipulation de bonnes intentions. Vous continuez de payer quelque chose à quelqu'un qui n'est même pas de chez vous. Par son attitude, la classe moyenne accepte cela avec le résultat que vous êtes devenus la vache à lait d'une démocratie qui sert les riches et fait vivre les pauvres. La classe moyenne représente l'égalité absolue dans une république. Mais dans votre démocratie, elle est devenue la bête de somme et vous l'acceptez ! Parce que vous avez également accepté de ne pas savoir. Vous vous êtes résignés à ne jamais connaître vos droits de toujours ! Vous vous êtes laissés berner par la croyance que c'est là le prix à payer pour être libres. Ça n'est pas le cas. C'est le prix à payer pour vous être laissés asservir.

Donc, je vous observe, vous, la gloire de Dieu et je vous vois vous dérober face à votre faculté de penser librement et de vivre les émotions. Car votre société est devenue si réglementée et si tolérante envers les normes qu'on vous repère tout de suite si vous êtes un penseur. Et il existe, dans votre entourage, une forte tendance à vous frapper d'ostracisme et même à vous calomnier. Il y a un prix à payer pour devenir soi-même, mais c'est la seule voie vers la liberté.

Ainsi j'observe Dieu, chair et sang, pas encore réalisé. Et c'est facile, du point où je me situe, d'observer comment les charlatans, les profiteurs, les coquins, en fait, comment les *Hommes Gris* ont pu, à l'origine, concevoir le projet de dominer le monde en se servant du système monétaire et, par la même occasion, casser les reins de la classe moyenne, une de leurs ambitions les plus chères. Car aussi longtemps que la classe moyenne se maintiendra, votre démocratie et la république tiendront. Comprenez-moi bien, ici, car c'est important. Votre existence même est une menace pour l'élite, de même que le pouvoir que vous pourriez exercer. Et surtout la possibilité redoutable que vous deveniez des êtres éclairés. Et je ne me réfère pas nécessairement à ce qui est enseigné dans le système scolaire. Je parle d'un éclairage historique. Et sachez que les ouvrages véhiculant cette information sont facilement disponibles en plusieurs endroits et de nature à vous aider à comprendre ce qui s'est réellement passé. Ainsi, vous n'aurez plus à dépendre de la version de l'histoire qu'on vous a enseignée.

Votre pays n'est réellement qu'une illusion

Votre gouvernement a failli à ses engagements envers vous. Votre pays n'est vraiment qu'une illusion dont la réalité est maintenue en vie par votre Constitution et votre

Charte des Droits, qui, seules, vous empêchent de glisser dans une société totalement asservie, où l'on sert aux citoyens des divertissements, de la bière (on l'appelait hydromel en mon temps), du vin et des chèques de paie. Tous vos petits besoins de confort sont promptement satisfaits : les *Hommes Gris* y ont vu. Ainsi, vous êtes apaisés et vous pensez que c'est cela vivre en liberté.

Votre gouvernement est réellement entre les mains des gens de la haute finance, des banquiers internationaux. Le dernier grand roi, le dernier président américain (Ramtha fait ici allusion à Ronald Reagan), avait entrepris de doter les États-Unis de leur propre banque centrale, autrement dit de mettre sur pied un système qui eut permis au gouvernement d'imprimer sa propre monnaie, garantie par ses propres réserves d'or. Et les États-Unis auraient pu le réaliser. Mais au lieu de cela, vous avez eu des gens du marché boursier qui se sont mis à se lamenter qu'ils perdraient leurs investissements parce que le gouvernement ne jouait plus le jeu. Ce fut une trahison et une conspiration engendrées par la cupidité et dirigées contre la classe moyenne. Cela ne signifie pas qu'à l'intérieur de vos frontières, vous ne possédiez un territoire que vous puissiez proclamer comme étant vôtre, car en ce moment, si vous possédez de la terre, vous pouvez toujours dire qu'elle vous appartient. Cela ne signifie pas non plus que la structure de votre république démocratique est compromise : elle ne l'est pas. Mais lorsque le gouvernement mondial unique et le projet des *Hommes Gris* fonctionneront à plein régime, et que la carte sera émise sitôt le système monétaire effondré, votre Constitution et votre Charte des Droits seront amendées et adaptées au nouvel Ordre mondial. Et votre liberté d'aujourd'hui deviendra objet d'antiquité. Voilà leur plan. Il ne va pas nécessairement réussir, mais c'est leur plan.

La vie ne se limite pas à regarder des feuilletons à l'eau de rose à la télé ni à se laisser hypnotiser par le divertissement au point de sombrer dans l'ignorance. Il faut acquérir des connaissances pour élargir le champ de sa conscience. Une certaine compréhension des choses aide à déverrouiller les portes de sa propre illumination et de son avancement *personnel*. La paix de l'esprit découle d'une complète souveraineté. Et une partie de cette souveraineté réside dans le fait de savoir ce qui se passe. Ainsi, lorsque vous regarderez par la fenêtre, vous pourrez agir pour vous-même et pour votre famille et vous mettre à l'abri du danger.

La plupart des Américains, non pas tous, mais la majorité, vont accepter la terrible dépression économique qui se profile à l'horizon. La plupart des travailleurs, déjà lourdement hypothéqués, vont se résigner au sort qu'on leur réserve. Et pourquoi cela s'en vient-il ? Qui décide que c'est le moment de provoquer une dépression ? Une inflation ? Qui a le dernier mot ? Ceux qui possèdent l'argent. Et l'ultimatum a été servi au gouvernement américain.

Ils ont adressé un ultimatum au président Reagan et sa naïveté en a pris un coup. C'est uniquement vers la fin de son mandat qu'il réalisa qu'un président dispose d'une bien faible marge de manœuvre pour prendre ses décisions. Seulement vers la fin réalisa-t-il les limites de son pouvoir réel. Dès lors, il se limita simplement à tenter d'empêcher l'inévitable et, comme résultat, il fut ridiculisé à travers le monde. Ce qui lui arriva fut fait intentionnellement, je veux que vous le sachiez. Et vous estimiez que cet être avait l'air irresponsable. Il combattait en proie à la peur, mais avec la conscience d'agir correctement, car il ne voulait pas décevoir le peuple américain, tout en subissant la pression des financiers internationaux. Et il avait tout le public américain sur le dos, qui lui reprochait de ne rien faire pour alléger la terrible dette nationale qui l'accablait.

L'ultimatum qu'ils ont adressé au gouvernement stipule que l'impression d'argent neuf sera suspendue et que l'économie, dont vous tirez vos revenus, sera resserrée. Et l'énorme dépression qui s'ensuivra ne représente, en un sens, qu'un autre aspect de la manœuvre déployée. En d'autres mots, ils provoquent une dépression en vue de préparer le peuple américain à l'étape suivante de leur plan à l'échelle mondiale.

Lorsque la Réserve fédérale américaine cessera d'imprimer des billets, que les banques internationales vous couperont les prêts et que les investisseurs étrangers se retireront de l'économie américaine, vous entrerez dans une profonde dépression économique. Et qu'est-ce qui sort une nation de la récession ? La guerre, qui est une bonne affaire pour l'économie, mais pas si merveilleuse pour ceux qui doivent la faire. Mais, peu importe, puisqu'elle crée des emplois et, dit-on, relance l'économie. Une inflation galopante pourrait également aider. Ou encore un nouveau système économique, d'où la carte de débit.

Je ne saisis pas bien l'expression « inflation galopante ». J'en entends parler ici et là, et ce que je vois c'est une avalanche de papier. Est-ce une définition juste ? Oui ! D'une manière ou d'une autre, quelqu'un tire les ficelles et donne les ordres. Ce n'est pas quelque chose qui arrive par hasard. Grâce à la léthargie du peuple américain et à son ignorance volontaire, l'inflation s'installe et repart et vous semblez croire que vous devez suivre la marée.

Maintenant, cette connaissance ne devrait pas vous scandaliser et vous n'avez pas à vous sentir gênés de ne pas la connaître. Considérez-la comme quelque chose à apprendre. En fait, vous devriez faire un effort supplémentaire pour chercher et apprendre par vous-même, plutôt que de regarder des feuilletons à l'eau de rose à longueur de journée. Vous devriez lire, comprendre et vous tenir parfaitement au courant. Car si vous butez sur un préjugé particulier, ce préjugé pourrait signifier non seulement votre effondrement financier, mais votre effondrement tout court. En fait, il pourrait compromettre votre survie.

Alors, voilà où vous en êtes, vous le glorieux et irréprochable peuple de Dieu. Vous aimez, vous êtes miséricordieux, vous perdurez. Et, grâce au pouvoir que vous détenez de *choisir* et de manifester, vous êtes en train de vous doter d'une tyrannie à la faveur de votre ignorance et de vos superstitions. Et j'ai un mot à dire à ce sujet.

La connaissance éclairée
concerne la vie

La connaissance éclairée n'est pas une affaire de cristaux ni de « channeling ». Elle ne se trouve pas dans les banalités. Elle concerne la vie car la vie *est* un principe divin. Elle s'adresse à l'expérience humaine, à la nature *divine* de l'entité. Elle est en rapport avec le courage de vivre l'expérience de la vie dans la paix divine de l'esprit, dans un esprit libre et en toute liberté. Vous avez été conçus avec la capacité d'explorer des concepts élargis, de concevoir de vastes probabilités et de parcourir l'inconnu inexploré. Pourquoi n'avez-vous pas progressé ? Pourquoi les gens n'ont-ils pas évolué davantage ? Parce qu'ils sont tombés dans le confort, idéalisé par leur ego altéré et savamment entretenu et exploité par ceux qui *comprennent* leurs mécanismes et savent comment les asservir.

Quand prenez-vous le temps de penser ? La musique beugle continuellement dans vos oreilles. La télé fonctionne sans arrêt. Et vous parlez tout le temps. Quand avez-vous l'occasion de vous concentrer sur quelque chose de plus sérieux que le divertissement superficiel ? Le silence est un pouvoir qui reste à explorer et, en vérité, il est plus puissant que les *Hommes Gris,* plus puissant que les dogmes et les lois asservissantes. C'est un pouvoir qui commande la liberté, la liberté sans faille. Savez-vous que vous n'évoluez pas si vous n'avez pas la liberté ? C'est une grande vérité.

Voici donc la classe moyenne récalcitrante, révoltée, résignée face aux événements. Et voici les très riches, remplis de mépris à l'endroit de ce message et de toute action qui s'écarte de ce qu'ils ont programmé pour la classe moyenne. Car toute initiative susceptible de vous sortir de votre léthargie pourrait représenter une menace pour leur fortune, ne le saviez-vous pas ?

Je vous demande d'être à l'écoute de vous-même au cours de cette phase d'éveil. Soyez attentif à ce que vous ressentez, car cela surgit d'une connaissance clarifiée, même si elle a été éteinte pendant un certain temps. Des entités braves et courageuses se manifesteront durant les jours à venir, et je parle littéralement de jours et non d'années. Elles apportent une vérité identique à celle que je vous ai transmise. Ce sera la même chose, soit le récit de ce qui est vraiment en train d'arriver. Et de plus en plus de gens auront l'occasion d'entendre cette information de la bouche de personnes avec qui ils peuvent entrer en contact, des personnes comme eux. Et cela n'aura rien d'un culte. Et on ne dira pas que c'est dangereux. On dira que c'est la vérité. Ce que ces personnes ont semé est déjà en train de croître et elles font partie des gens du peuple.

Il y a beaucoup de chrétiens mais peu de christiens

Il ne me faudrait pas beaucoup de temps pour vous énumérer les rares membres de communautés religieuses qui avaient plus d'amour pour Dieu que pour leurs dogmes, leurs rituels et leurs objets de culte, qui incarnaient le clergé, le ministère et toutes les religions dans la vérité profonde de la bonté et de la miséricorde éternelles, enfin qui nourrissaient un respect divin pour l'être humain et qui ont vécu de façon vraiment christique. Vous savez, il y a beaucoup de chrétiens, mais très peu de christiens qui ont travaillé à aider l'humanité pour des motivations autres que religieuses (ce qui d'ailleurs n'a rien à voir), mais plutôt sur l'impulsion de leur Dieu intérieur et de leur amour authentique pour leurs frères.

Votre histoire est jalonnée par des êtres de cette envergure. Et plusieurs d'entre eux auraient joyeusement donné leur vie pour vous, car, pour eux, la mort était une transfiguration. Ils n'avaient pas peur de mourir et ils auraient donné leur vie pour n'importe qui d'entre vous. Telle était leur grandeur d'âme. Ils étaient centrés à l'intérieur d'eux-mêmes et véritablement animés par l'Esprit, le même Esprit dont nous parlons ici en rapport avec les jours à venir.

Ces grandes figures n'étaient pas dominées par leur ego altéré ni par leurs préjugés, ni même par leur propre vie. C'est l'Esprit qui les faisait agir. Le clergé et les religions auraient dû se sentir honorés de compter dans leurs rangs des êtres si nobles. Il en reste encore quelques-uns de vos jours. Mais la religion a failli à ses devoirs envers le peuple. Par contre, la vérité de Dieu et le Christ en vous vous ont été fidèles. Et ils ne vous abandonneront jamais.

J'aimerais que vous sachiez qui les catholiques ont blâmé pour la Peste noire du XIVe siècle. Ils l'ont mise sur le dos du peuple juif en disant que « la malédiction qui pèse sur ce peuple avait causé la peste » et avec ce cri de guerre, ils ont mis en branle un mécanisme qui a abouti à la destruction d'un peuple. Vous avez toujours eu besoin de boucs émissaires, n'est-ce pas ? Ainsi, les juifs furent emprisonnés et assassinés, leurs propriétés furent saisies, leurs biens confisqués et versés au trésor du roi. Et cette opération fut menée avec la bénédiction de la religion !

Savez-vous que cette grande religion qu'est le catholicisme a toujours été tributaire de la situation économique du monde ? Savez-vous qu'elle a trahi ses fidèles depuis des siècles ? Pas tous ses représentants, mais beaucoup parmi eux. Ils ont maintenu leurs ouailles dans l'ignorance. Ils ont continué de diviser les hommes d'avec leurs femmes ; les femmes d'avec leurs maris. Ils ont fait obstacle à l'égalité des humains entre eux. Ils séparent au lieu d'unir. Leurs pratiques engendrent la division, au lieu de rassembler dans la paix et l'amour.

Et aujourd'hui encore, vous continuez d'ostraciser ceux qui sont accablés par une forme de peste en raison de l'orientation sexuelle qu'ils ont choisie pour cette vie. C'est ignoble d'agir ainsi au nom de Dieu! Car nous sommes tous Dieu, créés à même l'essence de cette Essence. Et pourtant, vous voulez encore maintenir ces gens dans l'obscurité, en encourageant la haine et les préjugés.

Votre Bible a subi des modifications par rapport à sa version originale, de façon à fortifier et à appuyer le dogme de l'église régnante. Les dirigeants des religions exercent un ascendant sur des millions de personnes. Pourquoi ne parlent-ils pas et ne vous renseignent-ils pas sur la vraie nature de la bête? La bête n'est pas un esprit qui me ressemble. C'est l'ennemi même qui leur donne leur pouvoir!

Mais ils tournent la tête, ils se taisent, car ils perdraient l'accès aux ondes radio s'ils proclamaient la vérité. S'ils disaient à leurs gens : « Voici les temps qui viennent. Voici la prophétie. Et par l'esprit qui m'anime, je la comprends de la façon suivante. Yeshua ben Joseph ne viendra pas par la voie des airs vous secourir au seuil des Tribulations. Il n'a jamais été question d'une telle opération dans le Livre des Livres, cela a été ajouté. » Mais ils ne le diront pas. Au lieu de cela, ils vont vous convaincre que la seule voie qui mène au salut est leur parole. Et comment font-ils tenir cet enseignement debout? Comment vous « possèdent-ils »? En recourant à la superstition, aux démons et aux esprits malins ; en se servant de gens malfaisants qui vous crucifieront en disant : « *Je l'ai fait pour le bien de ton âme.* »

Ils ont donc dissimulé la vérité à des millions de gens. Mais quelle est-elle cette vérité divine sans cesse en évolution? S'est-elle arrêtée il y a 2 000 ans? Et dans quelle mesure fut-elle correctement rapportée 200 ans après l'événement? Croyez-vous que Dieu peut évoluer?

Il y a des millions de gens qui haïssent et méprisent quiconque ne partage pas leurs croyances, qui voient d'un œil soupçonneux tout ce qui ne fait pas partie de leur clique et de leur religion. Ils sont méfiants face à la liberté de penser. Parce qu'ils sont habitués à ce que quelqu'un pense et vive à leur place et leur dise quoi faire. Dès lors, les messagers des derniers jours se font accoler l'étiquette de marchand de sable, de la bête, de l'Antéchrist. Et je sais qu'ils ont essayé de m'étiqueter pour vous dissuader d'entendre la vérité !

Ainsi, les gens se bouchent les oreilles et la vérité n'est jamais entendue, car ils sont plongés dans la peur et la superstition. Ils s'attendent à voir une vraie bête, vile et laide, affublée de dix cornes, qui viendra de la mer et les dévorera. C'est l'idée qu'ils s'en font : un démon sortant des entrailles de la Terre, qui se met à pourchasser les humains avec une fourche à foin et à les conduire comme un troupeau dans un trou où brûle un feu éternel. Et l'existence de ce démon les ravit, car il est le messager qui châtiera ceux qui refusent de les suivre : « Si vous ne m'écoutez pas, vous allez brûler en enfer. » Exact ? Pouvez-vous concevoir cela ?

Et il y en a des millions qui ne se doutent absolument pas de ce qui s'en vient. Ils ne pressentent pas le danger qui est réel. Ils n'ont aucune idée de la vraie nature de la prophétie. Et on les garde dans cette ignorance, on les abuse intentionnellement afin qu'ils emploient leur temps à penser à leurs péchés et à leurs iniquités. Et s'ils n'ont commis aucun péché, on leur en créera sur mesure. On leur dit qui craindre. On leur dit qui est le méchant. Leur attention est détournée vers tout le monde sauf eux-même et on les maintient dans la croisade de la parfaite ignorance.

Les grandes religions ont trahi leurs adeptes et certains de leurs leaders en sont conscients. Mais ils ne peuvent se permettre de dire quoi que ce soit. Car la survie de leur ministère repose sur le maintien de la peur chez leurs partisans. Leur fortune, leur pouvoir en dépendent, ainsi que leur leadership. Et, dans un sens, ils ne valent pas mieux que ceux qui dénoncent le trou dans la stratosphère et continuent de brûler du carburant fossile.

Les besoins personnels, la vérité de chacun, découlent de la gloire de Dieu, du Royaume des Cieux à l'intérieur de vous. C'est une simple question de choix. Ça l'a toujours été. Vous avez le choix entre écouter un murmure de l'esprit, une vérité, une voix, une connaissance, une émotion qui commence à poindre ou bien tourner le dos à tout cela et vous mettre à la remorque de quelqu'un et faire écho à ses opinions, sa vérité et ses sentiments.

Ceux qui survivront aux événements sont ceux qui posséderont l'instinct de l'oiseau migrateur ou de l'animal sauvage qui sait se diriger. N'est-ce pas une bénédiction que de posséder un tel instinct ? C'est ce qu'on peut dire de plus important sur l'éveil de l'instinct de survie.

Des êtres venant de milieux religieux différents ont été choisis, parce qu'il ont accepté d'écouter et de réagir au Dieu qui les entoure et les accompagne. Ils ont la fermeté d'âme et le courage qu'il faut pour interpréter les prophéties et ils disent la vérité. Ils s'efforcent d'éclairer. Et bien que leurs dires empruntent encore le langage de leurs croyances personnelles, ils véhiculent une interprétation divine qui rejoint ce que vous lisez dans ce livre. Ces grandes âmes ne sont pas vos ennemis ; elles sont avec vous, elles appartiennent au groupe des forces de Dieu en marche vers un destin glorieux.

Le gouvernement américain regorge de politiciens exécrés. Néanmoins, il en émergera une poignée — et je parle ici d'une poignée d'êtres humains — qui, par droiture et par le noble maintien du Seigneur Dieu à l'intérieur de leur Être, parleront franchement.

Donc, le petit groupe de radicaux est recruté au sein des religions. Le milieu gouvernemental en produira quelques-uns. Puis, ensuite, il y aura vous si, bien sûr, vous le voulez bien.

Comme vous pouvez le constater, ce livre est très important. Car la vérité doit être diffusée parmi la classe moyenne qui a besoin de l'entendre. C'est la classe moyenne qui, inéluctablement, portera le fardeau croissant des impôts et des taxes. Qu'est-ce qu'il faudra pour tirer ces gens de leur léthargie ? Soit un puissant messager, si puissant qu'ils comprendront sans erreur possible, soit un réveil brutal, dans la dèche, alors que, l'instant d'avant, ils croyaient tenir le haut du pavé. Quoiqu'il faille pour réveiller votre capacité de comprendre, rendez grâces. Car la vérité sera là quand vous serez prêts à la recevoir.

Plus il y en aura parmi vous qui entendront la vérité et sauront la reconnaître, plus grande sera la proportion de l'humanité qui aura l'occasion de survivre en ces jours où le destin se manifestera. Celui qui se moque de cette vérité et en nie la réalité est un sot. Il est sot et il mourra comme un sot. Et il ne fait qu'accentuer sa frivolité en ne choisissant pas de rechercher la vérité pour lui-même. Par contre, le fait demeure que certaines de ces vérités ne deviendront importantes pour vous que le jour où vous entrerez en contact avec leur réalité brutale.

Si tous les dieux de la classe moyenne qui sommeillent dans leur léthargie confortable se réveillaient, ils pourraient créer une république tellement ils sont nombreux. Trop nombreux pour qu'on puisse stopper un tel mouvement. Ils pourraient reprendre le gouvernement des mains des politiciens et créer une république calquée sur celle de Solon. Cette république, où chaque individu éduqué et éclairé participait au gouvernement, tenait la vérité en haute estime, dans le cadre d'une constitution et d'une charte des droits fondamentaux qui permettaient à chaque être humain de prospérer et de croître. En clair, cela signifie : ce que vous êtes influe sur l'ensemble.

Et si cette magnifique classe moyenne se réveillait, il n'y aurait plus jamais, au grand jamais, de dette nationale. Car le gouvernement du peuple, cette république créée par le peuple, aurait le pouvoir d'émettre sa propre devise, basée sur ses produits et ses propres ressources. Ce pays durerait *éternellement,* si son peuple était comme la douce terre, comme le sol lui-même, car ce sol serait divin et nourricier. Tout le monde pourrait vivre, sans pénurie et sans dette. Lorsque vous créez l'intérêt sur le capital, vous créez la dette, et ce système ne constituerait pas la base sur laquelle reposerait ce nouveau gouvernement. Ce serait vraiment la première république jamais créée.

La république dont rêvait Solon* était un idéal qui n'a jamais été manifesté à cause de la léthargie et de l'ignorance du peuple. Contrairement à ce que vous pourriez croire de prime abord, je ne suis pas un révolutionnaire. Je témoigne de la gloire et des options latentes en chaque individu vivant sur la surface de cette Terre.

---

*Solon : homme d'état athénien ayant vécu vers 640 à 558 avant Jésus-Christ.

Et vous n'êtes pas sans savoir ces choses, car au fond de vous-même, vous connaissez tout cela. Et cela ne veut pas dire que ceux qui ne lisent pas ce livre ne connaissent pas la vérité à un certain niveau. Tout simplement que ce grand pays qu'est l'Amérique doit restaurer sa virginité, que les gens doivent reprendre le pouvoir des mains des usurpateurs et faire régner à nouveau la pureté de l'esprit. Et nous verrons si cela arrivera ou pas.

Les prophètes sont déjà mêlés au peuple

Les prophètes ont été choisis en raison de leur courage. Ils ne craignent pas d'être frappés d'ostracisme. Ils sont capables de parler et ils sont déjà mêlés au peuple. Ils viennent de toutes les couches de la société. Et nous verrons. Nous verrons si les gens de ce monde, en particulier ceux des États-Unis, à qui ce message fut adressé tout d'abord, sont vraiment aussi ignorants, aussi impuissants et sans ressources que les *Hommes Gris* le prétendent. Ainsi soit-il !

Le retour aux sources

Maintenant, venons-en aux besoins personnels. Je sais que vous avez déjà compris le message de ce livre, mais j'ai un mot à dire à ceux qui remettent à plus tard. Vous vous connaissez. Vous excellez dans l'art de dire qu'il faut se préparer aux événements. Vous en discourez des heures durant dans les endroits chics. Mais vous ne faites rien ! Comment puis-je attirer votre attention là-dessus ? Comment vous faire comprendre à quel point cette préparation est vitale pour votre propre survie ? La grande priorité de votre vie, dès maintenant, devrait être de stocker de la nourriture — votre priorité numéro un. Stockez de la nourriture ! De la nourriture ! De la nourriture ! DE LA NOURRITURE ! DE LA NOURRITURE !

Le fait d'emmagasiner de la nourriture ne constitue pas seulement une assurance contre une économie au ralenti et ses répercussions éventuelles. Cela vous garantit également que vous aurez à manger durant la période de changements naturels. Stocker de la nourriture est la priorité première, car vous auriez beau posséder tout l'or et tous les vêtements du monde, être détenteur de tous les investissements, œuvres d'art, diamants, émeraudes et rubis du monde, vous ne pourriez pas les manger ! Et aussi sûr que la Terre est ronde, si c'est là que vous mettez vos priorités, vous mourrez de faim et quelqu'un s'emparera de vos œuvres d'art et de vos bijoux, et en fera un paquet... quelqu'un, vraisemblablement, qui aura mis de la nourriture de côté.

Je reconnais que ce n'est pas très prestigieux de stocker de la nourriture. Je le concède. Ce n'est pas un sujet sur lequel vous avez envie de vous étendre en public. Vous n'êtes pas très friands de discuter de mise en conserve ni de la durée de conservation du blé avec le cercle de vos amis. Mais écoutez bien. Sans nourriture, tout ce que je vous ai enseigné jusqu'ici n'aura aucune signification. Car vous ne serez plus là ! Cette connaissance n'a de sens que si vous passez à l'action. Elle n'en a pas si vous ne faites rien, si vous vous comportez comme une sangsue en disant : « Je sais tout cela. J'ai lu le livre. » Vous traverserez alors des jours très douloureux et vous périrez.

Peu importe de quel côté vous beurrez votre pain, tout revient à la nourriture. Pour être précis, vous devriez consacrer tous vos efforts et toutes vos priorités à vous constituer une réserve d'aliments. Une *réserve équivalente* à deux années de consommation, pour vous-même et pour chaque personne à charge. Quand ce sera fait, il ne s'agira pas cependant de vous rasseoir en vous disant : « Mission accomplie » et de laisser pourrir les baies qui poussent aux arbustes sous votre fenêtre et les pommes tombées au sol. Nous ne faisons pas que parler ici d'une feuille de contrôle qui vous indiquerait que vous avez atteint la limite de deux ans et que vous pouvez maintenant penser à autre chose ! Profitez de l'abondance qui passe, particulièrement si vous vivez dans une région où règne l'abondance. Il pourrait ne pas toujours en être ainsi.

Mais ce n'est pas tout sur la nourriture. Ne fermez pas votre livre tout de suite ! Il faut dire un mot des semences. Déposez-les dans des contenants hermétiques, et rangez-les. Emmagasinez toutes sortes de graines possibles et imaginables qui puissent s'ensemencer, même si elles ne sont pas adaptées à la région que vous habitez. Car les changements climatiques seront irrévocables. Vous me suivez ? Pensez donc à des choses que vous aviez préalablement écartées et stockez-en les semences.

Et, chaque fois que vous en avez l'occasion, achetez un arbre, sans perdre de temps. Et plantez un arbre fruitier chaque fois que vous en avez l'occasion. Mettez-en partout autour de vous.

J'ai assez parlé de nourriture. Passons à la seconde priorité qui consiste à acheter de l'or et de l'argent en pièces ou en lingots, de préférence en pièces. Si vous n'avez pas les moyens d'acheter de l'or, achetez de l'argent. Ce sont des valeurs tangibles et elles prendront de la valeur. Achetez-les maintenant, pendant que vous le pouvez.

Parlons maintenant propriété. Je ne parle pas de condos en ville. Les villes seront les endroits les plus dangereux où vivre durant les jours à venir. Déjà, actuellement, elles ne sont pas sûres.

Sortez de la ville. Achetez de la terre à proximité d'une petite ville. Ne vous éloignez pas trop non plus dans les collines, au point où personne ne pourrait vous trouver. Achetez une terre, une terre sur laquelle vous puissiez faire pousser des choses. Une terre qui non seulement vous nourrira mais vous permettra de faire du troc durant les jours qui viennent. Compris ?

Maintenant, pourquoi vous dirais-je à vous, les citadins, de fuir vos villes ? Parce que les réserves d'eau potable seront empoisonnées lorsque les changements terrestres surviendront. Il suffit qu'une seule de ces immenses failles sismiques éclate en s'ouvrant pour empoisonner la nappe phréatique. Les conduites d'eau souterraines seront sectionnées. Et des explosions dans les failles endommageront des centrales nucléaires. Alors, une famine s'ensuivra, conséquence naturelle des changements climatiques. Où pourriez-vous produire des aliments en ville ? Les villes sont les endroits les plus dangereux où vivre. Éloignez-vous-en.

De plus en plus de gens éclairés déménageront en campagne, loin des grandes villes. Plusieurs y seront incités par la lecture de ce livre mais un nombre encore plus grand le feront par suite d'une impulsion intérieure. Lorsque vous aurez acquis votre terre, vous aurez pris la précaution numéro deux pour vous maintenir en vie. Et vous ne pouvez jamais perdre en achetant une terre. Jamais. Et vous ne serez jamais perdant à vous nourrir de la façon la plus économique possible. Et vous ne perdrez jamais en achetant de l'or et de l'argent. Ainsi vous ne travaillerez jamais à détruire votre fortune !

Maintenant, voyons comment nous pouvons vous sortir de la ville. Si vous y vivez et y travaillez présentement, tâchez d'y louer un logis et entreprenez les démarches pour acheter de la terre à l'extérieur de la ville, une terre qui vous appartienne. On peut appeler cela un investissement. Si vous avez une maison à la ville, je vous conseillerais de l'hypothéquer au maximum, tout en étant prudent sur les modalités. Assurez-vous que le prêt soit assorti d'une disposition qui vous dégage entièrement en cas de catastrophe naturelle, de telle sorte qu'on ne puisse pas se retourner contre vos autres biens. Un prêt sans recours. Quand vous aurez en poche un tel prêt en seconde hypothèque, garanti par votre demeure urbaine, vous serez en mesure d'acheter une terre à la campagne. Allez-y.

Passons au point suivant. Regardez autour de vous. Vous verrez facilement quel besoin il vous faut ensuite satisfaire. Sans électricité, comment allez-vous survivre ? Achetez de l'équipement, des outils et tout ce que vous pouvez actionner par la force de vos bras. Par exemple, faites le relevé de tout l'équipement électrique dont vous avez besoin pour maintenir votre corps en forme. Vous vous en remettez à des ceintures vibrantes. Vous courez sur des tapis roulants. Puis vous allez dans la salle d'eau vous sécher les cheveux avec votre séchoir électrique. Réfléchissez sur ces points ! Plutôt que de courir sur votre manège, servez-vous-en autrement.

Maîtres : agissez comme s'il n'y avait pas d'électricité et préparez tout ce dont vous avez besoin pour vivre en conséquence. Vous vous souvenez de cet inventeur qui réside sur une terre reculée et travaille sur l'énergie solaire ? Tenez bon et arrangez-vous pour être autosuffisants jusqu'à ce qu'il ait mis son idée au point et que vous puissiez vous en servir chez vous.

Achetez tout ce dont vous pourriez avoir besoin pour fonctionner et vous mettre à l'abri. Et quand vous aurez réalisé toutes ces choses, que ferez-vous ? Vous gonflerez la poitrine et direz : « Advienne que pourra, je suis prêt. » Bravo pour vous ! Car il n'y a rien de plus grand que la paix de l'esprit.

Savez-vous ce qu'il en coûte d'être endetté et de devoir trimer comme un esclave pour rembourser sa dette ? C'est un prix terriblement élevé. Le prix réel ne se calcule même pas en dollars, mais en stress, en inquiétude et en anxiété. Débarrassez-vous de vos dettes. Sinon, tâchez d'en alléger le fardeau, pour l'amour de vous-même. Car la souveraineté signifie la paix de l'esprit. Et imaginez quelle sensation ce sera lorsque vous aurez réalisé pour vous-même une souveraineté à toute épreuve et ainsi aurez apporté un héritage à votre famille. Parce qu'il ne sera pas à conseiller d'avoir des dettes au cours des jours à venir. Car alors, que vous le vouliez ou non, vous recevrez la marque de la bête : la carte de débit.

La paix de l'esprit, c'est de pouvoir dormir en paix et de savoir que l'on est prêt. La peur, l'anxiété et le stress surviennent quand vous savez que vous n'êtes pas prêts. Si la condition pour y arriver signifie que vous réduisiez votre énorme appétit, eh bien faites-le. Et quand je parle d'appétit, je ne me réfère pas à votre nourriture, mais plutôt à toutes ces choses dont vous croyez actuellement ne pas pouvoir vous passer. Faites la différence entre besoin personnel et désir personnel. Cette différence peut signifier la survie.

S'il vous reste encore des billets de banque après avoir accompli tout cela, achetez une autre terre ! N'allez pas les réintroduire dans le système bancaire, achetez de la terre. Et si vous avez suffisamment d'or et d'argent pour vous rendre jusqu'en 2042, achetez de la terre. Pas en ville, cependant, mais plutôt en des endroits où vous pourrez cultiver.

Et s'il vous reste encore des billets, aidez vos frères et sœurs à s'aider eux-mêmes. Car plusieurs d'entre vous sont très ingénieux et il y en a beaucoup d'autres qui travaillent fort pour le devenir. Plusieurs d'entre vous sont des gens d'action et méritent d'être aidés. Tandis que d'autres ne font rien et ne méritent pas votre aide.

Vous voyez, si vous vous occupez de stocker la quantité de nourriture nécessaire, achetez votre terre, vous procurez votre équipement et, en plus, aidez les autres là où vous le pouvez, alors vous pourrez faire face à n'importe quoi, que cela provienne de la nature ou des *Hommes Gris*. Vous ne serez pas forcés de prendre la carte de débit. Vous pourrez la refuser. Vous n'en aurez pas besoin pour payer vos dettes ou pour faire vivre votre famille. Est-ce que vous comprenez ? C'est pour cette raison que les *Hommes Gris* veulent que vous vous endettiez. Mais vous pouvez décliner leur offre et dire : « Non. Je ne désire pas la carte. Car je n'ai pas besoin de produire du capital, ni d'acheter, ni de vendre. Je suis autosuffisant. »

Pour ceux d'entre vous qui sont en transition et s'efforcent d'accomplir tout cela, vous n'êtes pas dépourvus d'aide. Et bien que vous ne possédiez pas grand-chose, nourriture et approvisionnement s'en viennent. Une force vous aidera. Mais vous devez d'abord déverrouiller votre propre conscience et devenir un homme ou une femme d'action. Non par peur de mourir, mais parce que vous en sentez l'impulsion en vous. Et parce que vous y répondez. Vous ne serez pas oubliés ni délaissés, je vous l'assure.

Quant à ceux qui ont charge de famille et qui ne trouvent rien de vrai dans cet enseignement, vous êtes dans une position très précaire et vous y entraînez votre famille à votre suite. Oui, vous l'y entraînez. Ce que vous pourriez faire de mieux serait de vous emmagasiner de la nourriture et d'y affecter vos économies au meilleur de votre connaissance. Bien des événements surviendront très prochainement qui inciteront la population à se révolter ou à effectuer des changements dynamiques dans leur vie.

Si vous allez de l'avant et vivez en harmonie avec le Seigneur Dieu de votre être, mais qu'une personne avec qui vous êtes lié vous empêche d'avancer, quittez cette personne ! Allez de l'avant. Allez de l'avant.

À propos des banques, je vous ai dit que plusieurs d'entre elles ont déjà en réserve votre carte de débit. Posez-leur la question. Si c'est le cas, il serait sage et prudent de votre part de ne l'utiliser que si vous ne disposez d'aucun autre moyen de transférer de l'argent, des billets de banque. *N'achetez pas* votre or dans les banques, elles enregistrent vos transactions.

Si vous faites tout cela, vous survivrez à tout ce qui s'en vient. Vous survivrez dans la dignité et dans la liberté, en accord avec vous-mêmes. Sans faire de compromis, sans renier ou sans prostituer votre vérité.

Vous aurez simplement récupéré ce que vous avez perdu dans la révolution industrielle : c'est-à-dire la *souveraineté*. Oui, parfaitement !

La superconscience ne viendra jamais si vous tournez en rond

Quand vous redécouvrez le plein sens de la liberté de choix, vous recommencez à évoluer. Vous deviendrez des êtres humains progressifs, pourvus d'attributs divins, et vous ferez l'expérience de la superconscience. Mais ce n'est pas en tournant en rond sur le même vieux problème que vous parviendrez à la superconscience. Vous ne connaîtrez jamais un trait fulgurant de génie pur, si l'ensemble de vos pensées et de vos émotions sont reliées au stress, à la tension et à l'endettement. Vous n'entreverrez jamais de grandes visions si votre attitude générale reflète la pénurie. Vous ne verrez jamais ce qu'il y a dans le ciel, si vous marchez toujours la tête basse, tourmenté par votre dernier échec amoureux.

Et vous ne percevrez jamais la gloire qui accompagne ce qui vient, en restant branché à votre téléviseur et en vous laissant absorber par des problèmes illusoires. Vous comprenez ce que je vous dis. Je le sais. Comment ferez-vous pour voir vos grands frères ? Ils s'en viennent. Certains sont déjà là. Et ils vous connaissent. Comment les verrez-vous si vous ne regardez jamais en l'air. Et comment entendrez-vous la « sonnerie du téléphone » si la radio joue à tue-tête ? Comment saurez-vous que cette magnifique tonalité, ce sont eux qui essaient de vous joindre ? Vous savez, ces sons qui résonnent dans vos oreilles et que plusieurs d'entre vous entendez déjà et que beaucoup d'autres commencent à percevoir ? Ce sont vos grands frères qui vous disent : « Allo, j'écoute, êtes-vous là ? » Comment pourrez-vous les entendre si vous êtes occupés à autre chose ? Parce que la belle tonalité que plusieurs d'entre vous entendez ne provient pas d'une défaillance auditive. Ne laissez personne vous convaincre de cela.

Je ne peux vous forcer à faire aucune de ces choses. Ce n'est pas mon intention. Je voudrais plutôt que vous découvriez la vérité par vous-mêmes et que vous agissiez en conséquence. Sachez que je me tiens près de vous, car vous êtes mes frères et sœurs. Oui, vous l'êtes. Mais vous seul pouvez commander à votre magnifique volonté. Et moi, en tant que votre frère et votre égal, je ne peux vous dicter votre ligne de conduite et encore moins vous forcer à la suivre. C'est là le jeu de quelqu'un d'autre que je ne vais certainement pas imiter.

Ce livre contient tellement d'informations que vous pourriez commencer dès maintenant à manifester tout ce dont vous avez besoin. Assez d'informations pour vous apprendre à n'avoir peur de rien. Et si vous manquez de courage, peut-être est-ce là votre seule peur. Cela aussi, c'est un choix. Il n'y a rien que vous ne puissiez accomplir, vous pouvez TOUT faire. C'est vous qui tirez la ficelle, qui fixez les limites.

Lorsque le gouvernement américain aura affamé les fermiers et sera parvenu à mettre la main sur les terres, il se retrouvera propriétaire d'un désert de poussière

Il y en a parmi vous qui liront ce livre, mais ne lèveront pas le petit doigt pour faire quoi que ce soit, parce qu'ils pensent que rien de tout cela ne se matérialisera. Vous estimez que c'est une bonne histoire, pas davantage. Mais le temps passe. Votre économie est devenue erratique. Un jour, les gens de la Bourse vont clamer qu'ils ont fait une fortune ; le lendemain, ils perdront le double du gain de la veille. Ce qui prendra au départ l'allure d'un redressement, en raison de l'inflation, dégénérera en une dépression économique sans précédent.

Et lorsque le gouvernement américain aura fini d'affamer tous les fermiers, les aura acculés à cet état misérable et déshumanisant qu'est la faillite, puis aura mis la main sur les terres, il se retrouvera alors propriétaire d'un désert de poussière*.

---

*Ramtha fait référence au Centre-Ouest américain, en voie de désertification.

Il vous reste de moins en moins de temps, mais c'est vous qui l'avez voulu. Si cette lecture a fait naître en vous la panique et vous plonge dans une dépression nerveuse, vous l'avez choisi. Ce n'est pas faute d'être aimés. Car vous l'êtes, au-delà de ce que vous pouvez imaginer. C'est simplement une question de choix de votre part. C'est cela que j'ai essayé de vous dire. Et si vous dites que vos moyens financiers sont limités, demandez au Seigneur Dieu de votre Être de manifester dans votre vie d'autres façons de vous procurer le nécessaire, et cela se produira. Tout ce que vous avez à faire, c'est de demander.

Et si votre vie s'enfonce dans la routine, c'est parce que vous n'avez jamais appris à voir vos erreurs comme des expériences d'apprentissage plutôt que des erreurs. Car aussi longtemps que vous associerez un aspect de votre vie à une erreur, vous attirerez sempiternellement à vous cette expérience, jusqu'au jour où vous la regarderez en face et direz : « Qu'ai-je appris là-dedans ? » C'est seulement lorsqu'on commence à maîtriser ce qu'on apprend qu'on s'en libère. Maîtrisez une expérience et elle disparaîtra de votre vie. Donc, si vous avez le cafard parce que vous vous apitoyez sur vous-même et que vous choisissez d'appeler cela une « programmation », combien de fois avez-vous répété le même pattern ? Et qu'avez-vous à y apprendre ? Cet apitoiement sur soi-même n'est porteur d'aucune récompense. Il mène seulement à la mort. Par contre, la dignité et le respect de soi-même renouvèlent et regénèrent l'option appelée la vie.

Demandez à votre plante : *« Puis-je cueillir cette tomate ? »*

C'est vrai, vous avez été gâtés. Vous savez ce que ça veut dire, gâté ? Sentir mauvais ! Parce que vous avez en tête que vous avez tout eu si aisément et si facilement. Réapprenez à être des gens d'action. C'est si merveilleux de prendre une motte de terre humide dans ses mains, de la défaire et de la sentir glisser entre ses doigts, tout en bénissant le sol. Vous l'arrosez d'eau pure, vous bénissez vos semences et les y enfouissez. Puis vous observez les pousses s'épanouir ! Quel sentiment merveilleux ! Plus tard, vous demandez à la plante : « Puis-je cueillir cette tomate ? » Vous ne prenez pas d'une plante, vous lui demandez ! Et plus vous demandez, plus elle est heureuse de vous donner. Lorsque vous avez planté de cette façon et prodigué votre amour à la terre, vous êtes envahi par un sentiment grandiose. Et c'est fortifiant autant que satisfaisant.

Si vous habitez la ville et n'entrevoyez la possibilité de rien faire de tout cela, trouvez au moins un endroit où aménager un jardin. Prenez-en bien soin. Ramenez ensuite votre récolte à la maison et stockez-la. Au moins, commencez quelque part. Vous éprouverez de la dignité, au lieu de vous apitoyer sur vous-même. C'est une façon de commencer.

Il n'y a rien de plus extraordinaire qu'une femme qui constate qu'elle n'a pas à dépendre d'un homme pour se réaliser

Enfin, il n'y a rien de plus extraordinaire qu'une femme qui réalise qu'elle n'a pas à dépendre d'un homme. Rien n'est plus beau dans tout l'univers qu'une femme découvrant qu'elle ne trouvera pas son salut à travers un homme.

Cette affirmation ne vise pas à rabaisser les hommes, comprenez-moi bien, mais plutôt à encourager chacun de vous à affirmer, face à vos empêchements : « Désormais, ceci ne me servira plus d'excuse. Je suis un individu autonome. J'agirai comme tel. » Ainsi soit-il.

Les inconditionnels de Dieu

La survie personnelle et les inconditionnels de Dieu sont inscrits dans le temps et constituent la manifestation inévitable du destin. Gloire à ceux d'entre vous qui se sont penchés sur cette information, l'ont lue et se sont mérité de l'obtenir. Des temps splendides s'en viennent où règnera la Superconscience, aussitôt la danse des tyrans terminée. Et les danseurs de l'ombre que sont les *Hommes Gris* deviennent plus frénétiques, car le rythme s'est accéléré. Leurs mouvements deviennent chaque jour plus rapides. Sachez que cette pression de leur part pour hâter les choses et parvenir à leurs fins précipite également l'avènement de la Superconscience. Car la Superconscience, la Gloire de Dieu et la multitude des anges se manifesteront lorsque la liberté de choix n'existera plus.

Lorsqu'il n'y a plus de choix possible, lorsque les choses arrivent à sens unique pour le monde entier, les gouvernements, les rois, les monarques et les aristocrates — lorsque votre capacité de choisir s'effondre, et c'est l'objectif qui se dissimule derrière l'Ordre mondial unique, alors le temps s'arrête. Car le temps a toujours existé en fonction de l'homme et de son évolution. Ce moment marque également la fin de l'Âge des Tyrans dont les assises ont reposé sur l'ego altéré. Un ego altéré qui est anti-Dieu, qui l'a toujours été.

Et prenez note : il n'y a pas ici un seul lecteur de ce livre ni personne au monde qui pourrait jamais arriver à stopper le soubresaut de la nature et sa guérison. Pas même une nation entière ne pourrait l'arrêter. Si la nature doit entrer en jeu et intervenir, les failles sismiques au-dessus desquelles sont localisées plusieurs des grandes bêtes, c'est-à-dire des centres d'ordinateur, vont se disloquer.

D'autre part, les comportements climatiques sont en train de changer de façon dramatique. Et que dire de ces immenses volcans, un situé en Europe et l'autre sur une île et un troisième, en passant, qui est en train de mijoter en Russie ? S'ils entraient en éruption, il s'ensuivrait que nous aurions l'hiver en plein été.

Quelque voie qu'emprunte la nature, les *Hommes Gris* seront déjoués dans leur plan ultime et la nature l'emportera.

Oui, beaucoup périront lors de ces événements. C'est toujours comme cela lorsque la nature gronde et réagit.

Il y a eu au cours d'une période faste, un endroit du nom de Pompéi. Pompéi était la ville des aristocrates. Ils y passaient leurs vacances d'été. Vous appelez cela des vacances, moi, je les appelle des jours d'évasion, indépendamment de ce que ces gens pouvaient y vivre. Cela ne faisait aucune différence pour eux, car leurs vacances comptaient plus que la possibilité que ce tigre en attente s'échappe de sa cage. Il était actif, il dégageait de la fumée et il rugissait depuis des temps immémoriaux. Pensez-vous que cela les convainquit de renoncer à l'endroit de villégiature par excellence ? Non. Dès lors, pourquoi serait-ce si terrible que tant de personnes aient péri dans l'éruption de Pompéi ? C'eut été différent s'ils avaient été ignorants du danger. Mais ils savaient.

Donc, ce fut un choix ; toujours ce le fut. Et il y en a très peu parmi vous qui n'êtes pas conscients de l'endroit où vous vivez ou, pour être plus précis, de ce sur quoi vous vivez. Il n'y en a pas beaucoup parmi vous qui ne réalisent pas que les changements sont amorcés. Et les changements naturels et violents affecteront toujours l'humanité faiblarde, pleurnicharde, criarde et infortunée. Pourtant, ce n'est pas la nature qui l'a trahie. Elle s'est trahie elle-même, par sa propre arrogance, son ego altéré et l'image qu'elle a d'elle-même, une image hostile au changement. Donc, la nature réagira violemment et s'emploiera à empêcher que les *Hommes Gris* ne parviennent à leur fin, soit la création du gouvernement mondial unique.

Je peux vous dire ceci : quand les approvisionnements en aliments vont se tarir et le peuple se révolter, tous ces gens qui ont tenu leur langue depuis si longtemps vont se mettre à parler et ils raconteront tout. Ils pointeront les coupables du doigt et la vérité éclatera au grand jour. Et même dans cette pagaille, la Superconscience se réalisera.

Mais si le plan des *Hommes Gris* réussit et que les conditions du libre arbitre s'effondrent, vous verrez alors apparaître une armada dont vous croyiez qu'elle n'existait que dans les contes de fées. Vous verrez qu'elle est bien réelle.

Essayez d'imaginer un monde sans ego altéré. Lorsque l'ego altéré est absorbé par le Dieu intérieur, ce qui dormait au fond de vous-même commence à s'éveiller et votre évolution va faire un bond en avant. Pourquoi votre vie est-elle si courte sur Terre ? Pourquoi ne pouvez-vous pas arrêter le processus du vieillissement ? Et pourquoi ne pouvez-vous pas guérir vos maladies ? Parce que toutes ces choses sont des produits de l'ego altéré, une attitude globale.

Vous êtes ce que vous pensez être. Maintenant, écoutez un moment. Je vous ai vu essayer de changer la pensée, ce qu'il y a de plus élevé en vous, en faisant appel à ce qu'il y a de plus bas.

En d'autres mots, je vous ai regardé vous stresser, combattre, suer et penser jusqu'à en devenir cramoisi. Vous n'allez nulle part. Vous essayez de voyager dans l'inconnu, loin de votre corps, dans ce que vous appelez une autre dimension. Je vous ai observé en train d'essayer d'amener votre corps sur une fréquence plus élevée, plutôt que de faire l'inverse. Et lorsque vous stagnez, suez et tournez en rond, vous créez une diversion pour sauver la face !

Vous ne pouvez changer la pensée en changeant la matière, c'est la pensée elle-même que vous devez changer

Je vous ai vu tenter de guérir votre corps en travaillant au niveau de la matière, plutôt qu'à celui de l'attitude qui a créé et entretenu la maladie. Je vous ai regardé essayer de résoudre un problème lié à une attitude en vous attaquant délibérément à la chair plutôt qu'à l'attitude. Vous ne pouvez changer la pensée en changeant la matière, mais en changeant la pensée elle-même. Alors seulement la matière est-elle altérée, changée, accélérée.

Quelle que soit le phénomène en cause, la manifestation observée en premier lieu sera le résultat de votre attitude globale. C'est cela qui créera votre lendemain. Ainsi votre réalité personnelle est-elle entièrement contenue dans le noyau appelé CHOIX. Et que choisirez-vous ? L'apitoiement sur vous-même ? La douleur ? Le rejet ? Choisirez-vous d'être une victime plutôt que d'opter pour la maîtrise de soi ?

Vous êtes tout ce que vous pensez être ! Et tout ce que vous êtes est la manifestation de votre propre réalité à laquelle la matière se moule. C'est ce qu'on appelle la vie. Et dans cette vie-ci, vous attirerez à vous les possibilités contenues dans cette attitude, ce noyau, ce centre de contrôle.

La colle cosmique et l'atome

Chaque chose est une pensée coagulée. Chaque objet est une forme-pensée matérialisée. D'où croyez-vous que provient la matière brute ? De l'espace ? D'où pensez-vous que la vie émerge ? Qu'est-ce qui apporte à l'atome la colle cosmique ? D'où vient la cohésion de la matière brute ? Et enfin, qu'est-ce qui retient les cellules ensemble ? C'est la pensée qui a créé tout cela. Cela est maintenu ensemble par la pensée. C'est pour cette raison que la pensée prend forme dans la matière.

Considérez la vie en état de manifestation. Vous ne changerez pas votre vie en changeant votre corps, mais en modifiant votre attitude qui conditionne la perception de votre réalité. Vous ne pouvez pas vous rendre sur la Lune dans ce corps de chair et de sang; seul l'esprit peut aborder l'inconnu. Alors, comment traînerez-vous cet excès de bagages qu'est votre corps? En cessant de rechercher l'illumination à travers le corps, mais en y parvenant par l'esprit, le soi, la connaissance, par le processus illimité appelé Dieu.

Vous êtes ce que vous pensez être.
Vous vous en êtes toujours douté.

Écoutez bien, tous : plus vous accumulez de connaissances, plus vous acquérez de savoir. Et plus votre niveau de conscience s'élève, plus votre cerveau reçoit une impulsion à s'ouvrir, consécutive à une activation de la glande pituitaire. Pourquoi cette petite masse demeure-t-elle inopérante? Pourquoi votre cerveau fonctionne-t-il seulement au tiers de sa capacité? Qu'arrive-t-il aux deux autres tiers? Où est le génie? Sur le plan des émotions, votre vie est composée de ce que vous exprimez émotivement. Et la prospérité ne s'est manifestée dans votre vie qu'en fonction de votre perception de la nature de votre intelligence. Une intelligence qui ne dépend pas de la scolarité, mais du désir de connaître. Le sens commun inné est un des plus grands cadeaux que vous ayez reçus. Un appétit. Un appétit de savoir, de connaître. Et il y a le désir. Il provient du centre de votre réalité. C'est le désir de savoir que vous êtes ce que vous pensez être. Vous vous en êtes toujours douté. Je ne fais que confirmer vos impressions.

La densité ne débouche pas
sur la grande pensée

La Superconscience qui s'en vient s'accompagne d'une réalité de conséquences, soit qu'en votre centre vous contrôlez toute votre vie. Dans la Superconscience, vous comprendrez que l'esprit n'est pas changé par la matière, mais que la matière est transformée en fonction de l'attitude adoptée. C'est pourquoi toutes ces histoires avec lesquelles je vous vois vous débattre ne changeront rien. Vous aurez beau porter toutes les babioles de cristal possibles, interroger indéfiniment les boules de cristal, boire mille et une tasses de tisane spéciale et manger tout le tofu du monde, cela ne changera pas le mental, l'ego. C'est un jeu. La densité ne débouche pas sur la grande pensée. Par contre, on crée la densité par la grande pensée.

Vous ne pourrez faire votre ascension en emportant votre corps simplement parce que c'est la mode. En fait, si vous visez l'ascension, vous allez sûrement mourir. Car cette volonté d'ascension émane du désir de mourir, et tout cela se situe au niveau de la matière, non de l'esprit où règne la vie éternelle. Et le corps physique ne connaît rien d'autre que la vie éternelle lorsque vous prenez conscience que c'est vous qui créez la vie !

Quel est selon vous le sens de l'adage : « Le royaume des cieux est en vous » ? Cela signifie que, par la grâce de Dieu en vous, toutes choses vous sont possibles. Oui ! Vous avez en votre corps le pouvoir de les faire surgir. Il n'en tient qu'à vous qu'une grande réalisation n'apparaisse. Vous avez le pouvoir de la faire naître et elle attend que vous l'exerciez. Elle attend ce moment depuis des siècles.

Vous pourriez vivre mille ans dans un état de grande joie. Vous connaîtriez la longévité et ce merveilleux concept de la Superconscience, n'était-ce la présence d'un ego altéré.

Votre corps, qui retient votre esprit en cet instant même, possède les circuits necéssaires, si vous me permettez cette expression, pour élever son taux vibratoire et, ce faisant, passer sur un autre plan. Il peut être commandé par l'esprit, le Je Suis, l'ego appelé Dieu.

La Superconscience n'est pas la nourriture que vous ingurgitez

La Superconscience n'est pas la nourriture que vous ingurgitez ni le vêtement que vous portez, c'est ce que vous *êtes.* Malheureusement, lorsque l'ego altéré règne sans partage, il devient le geôlier, le gardien qui empêche le Dieu intérieur de grandir et de parvenir à cette dimension naturelle. Il est le geôlier qui se nourrit d'apparences et d'images. Et il a besoin du reflet de sa propre image pour se sentir conforté. L'ego altéré *inhibe* l'expression du Dieu intérieur. C'est pourquoi on l'appelle l'Antéchrist. L'ego altéré empêche également la connaissance de pénétrer dans l'âme pour la faire évoluer. Pourquoi n'arrivez-vous pas à vous rappeler ce que vous lisez ? Parce que l'ego altéré ne le veut pas. Voilà pourquoi. Cette valse des *Hommes Gris* illustre bien l'idéalisme de l'ego altéré. Mais lorsque leur heure sera passée, ce type de conscience disparaîtra. C'est alors que la Superconscience émergera. Pourquoi l'appelle-t-on Superconscience ? Pourquoi l'appelle-t-on le Royaume des Cieux rendu manifeste ? Parce que tout le plan de votre corps physique s'anime lorsque vous commencez à percevoir l'ego altéré comme une expérience d'apprentissage et non plus comme une erreur. C'est par le Dieu intérieur qu'on absout l'ego altéré, le Dieu intérieur qui est le pouvoir à l'œuvre en vous qui vous permet d'exister. Quand vous vous tournez vers lui et commencez à l'aimer, à apprendre de lui et à le laisser agir, alors vous commencez vraiment à vivre.

Le cerveau connaît alors une ouverture, car de nouvelles pensées s'y engouffrent. Que reste-t-il à penser lorsque vous n'êtes plus en compétition avec autrui, ne vous préoccupez plus de diminuer les autres, de les juger, d'être malicieux et intolérant à leur égard ? Que reste-t-il ? Vous pouvez vous tourner vers l'inconnu, le monde et le devenir. Vous pouvez exprimer la joie et l'amour. Vous pouvez vivre dans une paix qui dépasse l'entendement, car l'ego altéré garde votre esprit rivé sur la malice, l'insécurité, le sentiment d'indignité et la peur. Mais lorsque tout cela s'éloigne, l'ouverture du cerveau se produit et l'ego, le Dieu intérieur, le Seigneur Dieu de votre Être connaît un grand regain de vitalité. Et cette essence, ce noyau de votre univers, contient l'ensemble de l'univers. Il *grandit,* votre vie acquiert de la dimension, votre conscience *croît* et il se produit une ouverture de votre cerveau.

Vous captez et saisissez une pensée élargie, une grande connaissance. C'est le début d'une aventure que l'on qualifie d'*illimitée*.

Dès que le septième sceau s'épanouira, l'hormone de mort cessera d'exister.

Dès l'instant où le majestueux septième sceau activera la glande pituitaire, le corps sera libéré de l'hormone de mort. Présentement, on trouve cette hormone dans le corps de tous les humains. Elle s'y est logée avec l'apparition des premières menstruations chez les femmes et de l'éjaculation chez les hommes. La vieillesse qui vous affecte remonte à cet instant. Cela est dû à la glande pituitaire qui sécrète une hormone de mort dont l'effet est de provoquer un rétrécissement du thymus, lequel est situé à proximité du cœur. Le thymus est l'organe qui contrôle la longévité du corps. Il constitue également le quatrième sceau.

Durant l'enfance, il a la dimension d'une poire. À l'âge adulte, il rétrécit et devient aussi petit qu'un pois.

À l'heure qu'il est, le thymus continue de rétrécir. Dans la même mesure, le corps se ratatine et devient sujet à la maladie. Finalement, lorsque le thymus est pratiquement invisible, le corps physique se détériore. Toute cette dégénérescence tient sa source dans l'attitude. C'est votre acceptation volontaire des attitudes qui façonne la totalité de votre vie, de votre réalité et de votre environnement.

Quand l'attitude de l'ego altéré cesse d'exercer son contrôle, que le septième sceau s'épanouit et élimine l'hormone de mort, une autre hormone est alors sécrétée dans tout le corps. Elle a pour effet d'activer le thymus et de stimuler la masse cellulaire, déclenchant ainsi un processus de rajeunissement instantané et sans fin.

Au fait, pourquoi voudriez-vous vivre si longtemps ? Parce que vous n'avez jamais réellement vécu, voilà la raison. Vous étiez enlisé.

La Superconscience, c'est la souveraineté qui accompagne le peuple d'une république libre et originale. C'est une grande expérience qui réussira. Car toutes les portes qui vous ont été fermées vous seront réouvertes. Au temps de la Superconscience, vous laisserez derrière vous la tyrannie et la parfaite puanteur de l'expérience humaine que vous avez répétée et répétée sans cesse. Vous laisserez derrière vous la misère, l'agonie et la mort. Vous laisserez derrière vous le malheur et l'attachement au passé. Vous participerez à la grande marche de l'évolution et entrerez dans un âge nouveau, doté d'un corps pleinement apte à faire l'expérience de tout ce qu'il y aura à expérimenter.

Savez-vous pourquoi vous n'arrivez pas à voir la lumière qui entoure votre corps, votre esprit supérieur, comme vous dites ? Parce que votre réalité ne vous permet pas de la voir. Savez-vous pourquoi vous ne pouvez voir l'énergie qui emplit la pièce que vous occupez, qui s'accroche aux lustres lumineux ? Parce que toute votre attention a été centrée sur votre petit monde intime jalousement gardé par l'ego altéré. Et vous ne pourrez jamais percevoir ce qui déborde le cadre de votre connaissance actuelle.

Comprenez-vous ? Vous devez en faire l'expérience. Alors la vision viendra et vous verrez. Pourquoi certains ne voient-ils pas, même s'ils sont pourvus des mêmes yeux que ceux qui voient ? Parce que leur réalité est différente. Ils peuvent raconter bien des choses. Mais si ce n'est pas quelque chose de vécu, ils n'ont rien vu. Vos yeux verront naturellement ce que vous n'avez jamais vu auparavant. Il n'y a rien que j'aimerais davantage que de vous voir percevoir la lumière invisible, éliminer la peur et les superstitions et réussir à voir la gloire de votre propre lumière. Car même cela, vous ne vous êtes jamais permis de le voir.

À l'âge de la Superconscience, vos yeux verront la multitude et les dimensions. Vous aurez la connaissance du grand royaume qui vient : non seulement vous pourrez explorer les possibilités de votre univers, mais vous aurez également accès à des demeures inconnues qui dépassent l'imagination. C'est là votre héritage. C'est l'héritage de l'aventure humaine.

En terminant, il y a eu d'autres humanoïdes dans l'esprit de Dieu. Mais je veux que vous sachiez qu'ils ne sont pas tous parvenus à une grande réussite. La plupart

ont vu leurs civilisations sombrer dans une décadence
engendrée par un engrenage identique à celui qui mène à
la suppression de votre possibilité de choisir.

Dans votre civilisation, par contre, on voit poindre à
l'horizon une grande vérité et une occasion magnifique de
croissance. Les humbles hériteront de la Terre et verront
la gloire de Dieu, car ils auront les yeux pour le voir. Et
cette civilisation ne déchoira pas. Sachez la vérité. Soyez
éclairés. Soyez des êtres engagés. Soyez de ceux qui
savent. La Superconscience : objet de tant de rêves, réalité encore inconnue, cependant possibilité pleinement ex-
ponentielle d'un âge à portée de la main. Ça vaut le coup
d'être là pour voir ça ! Ainsi soit-il.

Vous n'êtes jamais vraiment seul

J'en arrive à la conclusion de mon exposé sur les temps actuels. Sachez que cette expérience, cet apprentissage vous a rapporté plus que vous n'avez mis de temps à lire ce livre. Il vaut plus que le prix payé et, les raisons que vous aviez de le lire. Jetez un regard sur vous-même. Pensez au nombre de personnes qui liront ce message. Considérez tout ce que vous avez en commun les uns avec les autres. Vous n'êtes jamais vraiment seul. Dans chacune de vos entreprises, vous côtoyez des frères et des sœurs qui font eux aussi leurs expériences. Mais c'est seul que vous prenez vos décisions, où vous allez, ce que vous lisez, puisque tout relève de vos choix.

Ne regrettez jamais le choix fait

Ne regrettez jamais le choix que vous avez fait ! Car ce choix vous permet d'évoluer. C'est un décret divin. Et ce qui peut vous laisser un sentiment de regret appartient en réalité à votre évolution future. Rien n'est jamais perdu pour vous. L'occasion se représentera plus tard.

Je suis rempli de joie en constatant que vous avez lu mes paroles et que votre lanterne s'en trouvera allumée. Je sais quel courage il vous a fallu pour vous asseoir et attaquer ce matériel, là devant vous, non pas dans la peur, mais dans un esprit de maturité et d'amour.

Vous n'êtes pas les mauviettes de l'inconnu, des créatures sans colonne vertébrale. Vous êtes plutôt dignes de votre héritage. J'en suis très heureux. Un beau jour, vous serez en mesure de voir à quel point j'en suis heureux, car vous me verrez dans toute ma joie, et j'en éprouverai beaucoup de satisfaction. Plusieurs d'entre vous avez dû vous faire violence pour passer à travers cette lecture. Je le sais, car je connais vos blocages, vos calamités, vos sentiments de rejet, vos errances et ainsi de suite. Mais je vous connais bien également et j'ai depuis longtemps foi en votre potentiel, sinon je ne serais pas ici. Je n'aurais certes pas de mal à aller m'employer ailleurs au lieu de passer au crible des siècles de langage pour trouver les mots que vous comprenez ! C'est une tâche des plus ardues !

Les expériences que vous avez vécues depuis notre rencontre vous ont apporté beaucoup. Ne reniez jamais le chemin que vous avez parcouru depuis que vous me connaissez. Car, en définitive, jamais vous n'aurez avancé aussi rapidement, jamais vous n'aurez fait de tels progrès en si peu de temps. Et en bout de ligne vous direz : « Pour rien au monde je n'aurais voulu manquer cela. »

Comment démontrer l'immortalité d'une pensée

Personne n'est jamais parvenu à me mettre en boîte. J'accepte l'existence des choses pour lesquelles je suis investi, celles dont on m'accuse et dont je suis responsable. Quand on est au niveau de la matière, on ne peut concevoir une forme de vie plus subtile. Quand vous percevez cette forme subtile avec les yeux de l'esprit, vous fusionnez avec elle. L'ego altéré, ne peut pas plus comprendre mes semblables que certains de vos compatriotes ne peuvent comprendre votre démarche. C'est incompréhensible pour eux. Comment prouver l'esprit au niveau de la matière ? Quelle création matérielle pourrait capter l'esprit ? Comment démontrer l'immortalité d'une pensée ou l'existence de la joie qui accompagne la progression vers l'infini ?

Et pourquoi y a-t-il tant de gens hostiles à cet enseignement et à cette vérité ? Pourquoi tant d'imitateurs ? Parce qu'ils n'ont pas rejoint la vérité qui réside au fond d'eux-mêmes. C'est une chose de dire que vous faites partie d'un monde occulte, c'en est une autre d'en rire. C'est un signe de dignité personnelle et de liberté que d'avoir la faculté de faire ses propres choix, d'avoir la sagesse de saisir les possibilités et d'acquérir la connaissance qui vous donnent les moyens d'aborder les thèmes en rapport avec votre propre destinée. Si cela est bizarre, alors le monde entier a besoin d'être bizarre !

Maîtrisez ce qui est à vous. Choisissez ce dont vous avez besoin pour évoluer. En réalité, j'ai tenté de vous enseigner plusieurs choses, en les répétant inlassablement. Réfléchissez sur l'information. Je vous ai abordés sous tous les angles, dans l'espoir d'obtenir l'ombre d'un mouvement de votre part. Oui, c'est vrai, j'ai envoyé à certaines personnes des messagers qui ont semblé les démolir, alors que d'autres paraissaient leur amener la gloire, au cœur même de la misère. Mais tout cela était voulu.

Écoutez bien, maîtres. Que vaut la richesse d'un homme si, en fait, elle l'asservit ? Et quel mérite a une femme d'être dans la pauvreté si elle en devient esclave ?

Vos possibilités de choix grandissent avec la connaissance. Ce fut magnifique de vous aider à multiplier vos options en vous divulguant cette information. Vous avez investi de vous-même pour l'acquérir. Et je me suis adressé à vous et vous l'ai apportée, parce que vous en êtes digne. J'aurais pu éviter le sujet. J'aurais pu le balayer sous le tapis et me contenter de tenir des propos anodins mais cela ne vous aurait pas ouvert la voie vers la dignité personnelle que confère une plus grande compréhension des choses. C'est là une vérité.

Je suis venu m'occuper des affaires de mon Père sur un rayon d'amour

Je suis unique, parce que je ne suis la chose de personne sur ce plan-ci. Je n'ai pas besoin d'être populaire, ni d'être accepté, ni qu'on dise des mots gentils à mon sujet. Et je n'ai pas prostitué mes valeurs ni évité les questions. Je suis venu m'occuper des affaires de mon Père sur un rayon d'amour. Car tel était mon désir. Je ne suis pas venu ici recruter des adeptes, mais aider des individus à se dégager du troupeau de l'ignorance. Des individus désireux d'opérer un changement non seulement dans leur propre vie, mais également à l'échelle du monde entier, par les efforts qu'ils font pour comprendre et le courage qu'ils ont de vivre leur lumière.

Il suffit d'un seul être humain magnifique pour donner espoir à une multitude. Or, quelques-uns ont atteint le sommet de la montagne, d'où leur voix peut résonner sur le monde entier, en attendant le jour où elle parviendra jusqu'aux étoiles. Ces individus sont en mesure de changer la vie de millions de personnes par le seul fait de s'être issés au pinacle de la renommée, de la richesse et de la respectabilité. Car tout ce dont la multitude avait besoin, c'était de percevoir une lueur émise par une entité lumineuse, qui lui montrât que chacun pouvait être ainsi. Voilà en quoi réside l'espoir, en une image, une lumière, une vérité, un reflet, quelque chose quelque part qui vous aide à entreprendre le voyage hors de l'esclavage. Car vous avez été manifestement en esclavage.

Le dictionnaire ne vous apprend pas ce qu'est un être impeccable

L'accession au sommet engendre souvent un sentiment de griserie, de pouvoir et d'abus ; le sommet peut être un lieu asservissant. Rares sont les individus qui y conservent un éclat sans tache, qui y demeurent impeccables. Qu'est-ce qu'être impeccable ? Qu'en dit le dictionnaire ? Il n'en fournit qu'une définition philosophique qui ne correspond pas vraiment à la réalité.

Ce qui existe, c'est une personne impeccable. Tout comme l'amour se manifeste à travers ceux qui ont conçu du respect envers eux-mêmes, qui ont eu de l'amour pour eux-mêmes et, avec amour, sans excès, ont engendré ce merveilleux et magnifique joyau appelé l'être humain, la prunelle de l'œil de Dieu. Par leur amour, ils donnent à tous l'exemple d'un être impeccable.

Votre amour ressemble au grand soleil central, car sa chaleur permet aux choses de croître. Ainsi devenez-vous une lumière. Où se termine le conflit et où débute la tolérance ? Lorsque vous êtes tolérants envers vous-même. Lorsque vous demeurez digne, selon votre critère. Lorsque vous faites preuve de tolérance face à vos capacités et à ce qui semble être l'erreur humaine. Lorsque vous avez de la compréhension, les bienfaits de cette attitude, de cette tolérance et de cette dignité rejaillissent sur tous. Il est rare de rencontrer une entité qui ne soit pas enchaînée, qui vive dans un état de liberté et soit capable de tolérer les autres. Vous ne pouvez être tolérant envers quelqu'un aussi longtemps que vous êtes en son pouvoir. Vous ne pouvez avoir de la tolérance envers vos voisins avant d'avoir résolu vos propres conflits. Vous ne pouvez être tolérant avec les membres de votre famille avant d'avoir compris qu'ils sont des êtres humains exactement comme vous l'êtes.

Un royaume où la vie présente de multiples facettes et où vous pouvez dormir en sécurité, à la lumière d'une lune bleue

Nous vous avons transmis, cet enseignement, cet amour et ce don afin qu'en vous servant de ce qu'ils vous ont appris, vous soyez en mesure de faire les choix qui vous permettront de devenir cet être humain parfaitement immaculé.

Il n'y en a pas un seul parmi vous qui n'en ait le pouvoir s'il le veut. Quand vous y serez parvenu, vous connaîtrez un royaume qui vous récompensera de vos efforts, où la vie présente de multiples facettes et où vous pouvez dormir en sécurité à la lumière d'une lune bleue. Ces propos ne visent pas à vous neutraliser, mais plutôt à consolider vos chances de devenir qui vous êtes réellement, à rehausser votre capacité de ressentir, en tant qu'humain, la joie, la liberté et l'amour de Dieu à l'intérieur de vous. Mon intention n'a jamais été d'opposer les uns aux autres, mais plutôt de faire éclater l'ignorance et de lever son voile par l'exercice du libre choix.

Le Nouvel Âge est une aventure intérieure

Le Nouvel Âge, comme vous dites, ne se manifeste jamais, au grand jamais, à l'extérieur d'une personne. Le changement, oui. Mais pas le Nouvel Âge. C'est un phénomène intérieur. Il consiste en une transfiguration individuelle de l'esprit humain qui, sans regret, abandonne pour toujours son passé et se tourne vers le présent, stimulé par le courage de vivre heureux et de répondre à la vie.

Comme toutes les choses dans le vent, les modes passent, mais la lumière demeure. Car elle fait écho à la vérité, au pouvoir d'accomplir et à la compréhension de la vie qui font la différence à l'intérieur de l'être humain. Elle vivra à jamais.

Ce n'est certainement pas par plaisir que je vous ai entretenu de tous ces périls qui menacent votre environnement. Mais je vous respecte. Je sais très bien que dans le Seigneur Dieu de votre Être, vous avez le courage de reconnaître la vérité contenue dans cet enseignement, de l'affronter, de l'entendre et de réagir et d'entreprendre les changements nécessaires à la survie.

C'est aux dieux magnifiques que vous êtes que je me suis adressé. Je ne vous ai rien dit que vous ne puissiez accomplir. Je ne vous ai rien dit qui porte atteinte à quoi que ce soit. Je ne vous ai rien dit qui puisse vous mettre en péril. Au contraire. Je ne vous ai pas appris à mépriser la Terre, mais à l'aimer et à accueillir tous les changements, beaucoup plus nombreux que tout ce que vous pourriez lire à ce sujet.

En élargissant vos connaissances par cette information, je vous permets de savoir ce qui en est. « Et alors, docteur? » J'aime cette expression (en anglais : « What's up, Doc ? »). Tout ce que j'ai pu faire durant toutes ces années passées dans cette forme éprouvante, dans ce corps aux capacités limitées, ce fut de vous transmettre une information vous permettant de prendre des décisions.

C'est pour vous amener là que j'ai eu recours à tous ces mots, ces visions, ces messagers et que je vous ai procuré nombre d'expériences. Mais ce n'était que des instruments, des moyens de vous amener là où vous en êtes maintenant, dont je me suis servi pour vous inciter à vous engager. L'objectif recherché est et a toujours été de vous conduire à une vision de Dieu qui deviendrait une réalité profonde plutôt qu'un mythe, une philosophie ou une vérité spirituelle, une vision que vous pourriez vivre. Je sais jusqu'où va votre potentiel, lorsque vous l'utilisez. Je sais ce qui dort à l'intérieur de vous et également que cela y dort parce que vous l'avez voulu. Tout tourne autour de ce que vous voulez faire. C'est intimement relié à votre vie et toujours ce le fut.

Mais l'ignorance n'a plus d'excuse. Jusqu'ici vous aviez choisi de demeurer ignorant ou, simplement, vous n'aviez pas eu l'occasion d'apprendre. Aujourd'hui, cependant, vous savez et vous ne pouvez plus plaider l'ignorance. Si vous choisissez de mettre ce livre de côté et de replonger dans le tourbillon des « affaires », en compagnie de gens violents qui vous sourient avec un regard meurtrier, alors, retournez-y sans hésiter. Réintégrez ce monde où ce comportement est la norme. Et si vous le faites et que vous vous y engouffrez, vous aurez toujours cette information en mémoire. Simplement, vous vous serez préparés à devenir une victime.

Ce sont les gens d'action qui verront

Vous vous rappelez les deux grands messagers que je vous ai envoyés ? Phénomène remarquable, le fait de voir un phénomène qui vous est destiné change réellement votre vie. Et curieusement, dans le cas présent, ce sont les gens d'action qui verront, car cela leur revient. Ils l'ont mérité. D'ailleurs, tout est là : gagner le droit d'accéder à une conscience élargie. Et même ceux qui repoussent cet enseignement le qualifient de phénomène ridicule, de vérité utopique, ceux-là continueront de ressentir et d'entendre ces paroles à l'intérieur d'eux-mêmes, pendant toute cette période. Ils n'entendront pas ma voix, ni mes mots, mais le Dieu à l'intérieur d'eux, qui leur dira ce que je dis ici. Et la voix se fera très forte. Lorsque cela se produira, ne croyez pas être devenu un canal de transmission télépathique. Ce ne sera pas le cas. Ne racontez pas que vous êtes branché avec un esprit en provenance d'une autre dimension. Il ne s'agira pas de cela. Et ne dites pas que c'est votre guide qui vous parle. Ce ne sera pas cela non plus. Ce sera votre Dieu intérieur.

Maintenant, maîtres, pourquoi Ramtha est-il de retour à ce moment-ci ? Pourquoi pas il y a cent ans ? Parce que, même si les entités humaines ont toujours eu le don de se fourrer dans le pétrin et que vous vous êtes constamment organisés pour vivre dangereusement, vous vous êtes quand même débrouillés jusqu'ici pour vous en sortir. Il y a eu quantité d'aventuriers intrépides dans plusieurs sens du mot et vous devez respecter les créatures de ce genre, car elles accomplissent quelque chose. La plupart d'entre vous avez été de tels aventuriers en des vies antérieures. Mais dans celle-ci vous êtes plutôt devenus des mercenaires de salon. Pour parler sérieusement, vous n'avez jamais eu autant besoin d'aide dans le passé. J'étais intervenu uniquement à quelques reprises, à proximité d'événements historiques sur le point de mal tourner.

Alors, pourquoi maintenant ? Parce que mon intervention peu orthodoxe est en train de provoquer un réveil et qu'un nombre croissant d'individus désirent en savoir davantage. Ils m'entendront, car l'étau se resserre. Au dernier acte, il n'y a plus de place pour les aventuriers ; nous assisterons aux dernières gestations. Votre histoire est parsemée d'êtres audacieux et éclairés qui sont venus vous enseigner. Dans la plupart des cas, vous les avez éliminés, ni plus ni moins. Mais tous ils sont venus à des moments du drame humain où un effondrement moral était sur le point de se produire. Dans la plupart des cas ils ont réussi. Ils vous ont à tout le moins permis de poursuivre l'aventure humaine.

Cette fois encore, la fin du monde n'aura pas vraiment lieu. Votre propre monde pourrait se terminer, selon l'attitude que vous adopterez. Imaginez que vous posez ce livre, sortez de chez vous et allez vous faire tuer par une automobile. Ce serait certainement la fin du monde, tel que vous le connaissez. Tout cela est une question de perspective, bien sûr, car un changement d'orbite n'est pas prévu pour cette Terre avant un bon bout de temps. Elle est encore bien vivante et elle combat pour le demeurer. Et ne protestez pas lorsque je vous dis que vos automobiles déchirent la stratosphère. C'est normal si cela vous affecte, car il doit en être ainsi. C'est dans la recherche des solutions que le génie se manifeste. Et qu'est-ce qui permet à des individus ingénieux de survivre dans des paramètres différents ? La créativité ! Sentez-vous le vent venir ?

Si plus rien ne change et que tout se cantonne dans le statu quo, il n'y a plus de place pour l'évolution. S'il n'y a aucune raison de changer le cours actuel des affaires du monde, rien ne changera. Et si pénible que cela puisse paraître pour vous de lire cette information, vous devez vous rendre à l'évidence de la nécessité de changer. Et la conscience d'un changement nécessaire existera d'autant plus que vous serez plus nombreux à savoir ces choses. Avez-vous déjà entendu parler de la vieille théorie de l'offre et de la demande ? Très prochainement, il y aura une grande demande et cela permettra aux créateurs d'occuper l'espace. Tout cela a une raison d'être et n'est donc pas terrible.

Je suis venu m'occuper des affaires de mon Père à un moment décisif. Si vous continuez de sommeiller spirituellement et acceptez les conditions économiques qui s'en viennent, le monde va certainement s'effondrer sur vous. Ainsi, vous aurez tout perdu. Une intervention divine a permis que vous ayez la possibilité de choisir. Vous pouvez encore marcher vers l'effondrement, mais vous avez le choix, une foule de choix. Mon désir le plus profond est que vous ayez la sagesse d'opter pour ce qui est nécessaire à votre évolution et que vous vous y engagiez.

Un bon nombre parmi vous êtes familiers avec le procédé que j'emprunte pour transmettre cette information, le corps que j'emprunte et toute la panoplie. Ceci a été révolutionnaire à plusieurs égards et a permis la compréhension sous divers angles du fonctionnement de la personnalité et de la manifestation de la vérité. Une personne ne peut imiter l'amour, le génie, le pouvoir et la connaissance. Il est impossible d'imiter toutes ces choses, à moins d'être soi-même l'ensemble de ces choses.

Voilà la réalité que je réfléchis vers vous. Je vous renvoie toutes les possibilités. Si vous ne saviez pas déjà tout cela, à l'intérieur de vous-même, vous ne pourriez l'entendre. Si vous n'étiez pas capable d'être tout cet amour et cette force, vous ne le ressentiriez pas. Si vous ne possédiez pas le génie, vous ne pourriez le percevoir en cet enseignement. C'est ce que cette entreprise a voulu vous faire comprendre.

Un dernier enseignement

Il y a un dernier enseignement que je vais tenter de traduire en paroles et qui éveillera certains d'entre vous à la présence d'un feu intérieur, qui ira grandissant, et qui permettra à quelques-uns d'entendre ce qui n'est pas formulé. Et très clairement. Il n'y aura pas d'erreur d'interprétation, pas de confusion. C'est un passage à l'énergie blanche, à un taux vibratoire supérieur.

Plus vous accomplirez à votre niveau actuel de connaissance, plus votre évolution vous rapprochera de l'éternité, plus grande sera votre ouverture, plus votre corps physique évoluera. Jusqu'au jour où vous vous harmoniserez avec le Seigneur Dieu de votre Être et que votre niveau vibratoire vous permettra d'accéder à un monde inconnu et indescriptible.

Vous pouvez hériter de cette connaissance et de cette énergie. Ce dernier enseignement porte sur la dernière limitation. Les autres sessions publiques traiteront des temps qui viennent et des perspectives individuelles. Dans un sens, ce sera une répétition. Les sessions particulières s'adresseront à ceux qui sont déjà engagés dans l'évolution dont je viens de parler. Elles différeront passablement de ce que vous avez connu avec moi dans le passé et se poursuivront jusqu'à la fin du siècle. Et quand je cesserai de me manifester dans un corps physique, je demeurerai Ramtha, le Seigneur du Vent et cette force vivante sera avec vous tel que je vous l'ai promis. Et j'aiderai ceux d'entre vous qui font un effort pour mériter cette aide.

La charité spirituelle n'existe pas, car l'être qui se présente en esprit ne vient pas faire la charité. Je serai à vos côtés et je vous aiderai tout au long de cette période. Mais les audiences se feront rares après ce dernier enseignement. À l'avenir, mes propos seront enregistrés, transcrits, imprimés et propagés. Ce sera visuel et historique ! Votre âme enregistrera tout ce que vous lirez et entendrez durant cette période... en attendant que vous passiez à l'acte. Que pourrais-je vous dire de plus que ceci : « Vous êtes Dieu, car le feu vivant vous habite et vous avez en vous toutes les réponses pertinentes à votre cheminement. » Le plus grand enseignement que je puisse vous donner est le suivant : « Je Suis ce que je Suis. » Quelle liberté plus grande existe-t-il que celle qui vous permet de dire : « Je suis ma propre personne. »

Ce fut une entreprise longue et ardue que de vous amener à comprendre ces paroles. Non seulement de les lire, mais de les vivre !

De vous amener à comprendre votre soi, le Seigneur Dieu de votre Être et vous encourager à entrevoir, un bref instant, une lumière éternelle. Il a fallu tout ce temps... tous ces palabres... pour vous convaincre que vous êtes divin et digne. Savez-vous que plusieurs parmi vous cultivent avec dévotion le sentiment d'indignité ? Savez-vous combien d'entre vous s'acharnent à être des victimes ? Des victimes par simple lâcheté. Vous savez combien parmi vous sont gris, conservateurs et prudes ? Mieux vaut ne pas nous hasarder à en suggérer le nombre. Les gens grisâtres sont doucereux et souffrent d'arthrite. Leurs allées et venues passent inaperçues, car ils ne provoquent pas le moindre sillage sur un étang calme. Je ne parle pas ici de vos aînés magnifiques et vigoureux. Je parle au sens figuré de ceux qui choisissent d'être pâles en esprit et en action.

Vous avez mis du temps pour parvenir où vous êtes en ce moment. Avez-vous lieu d'en rougir ? Vous ne devriez jamais. Ne laissez jamais quiconque vous faire éprouver de la gêne parce que vous voulez comprendre. Combien de temps vous a-t-il fallu pour réaliser qu'une force vivante vous habitait ? Eh bien, si vous commencez à vous en rendre compte, tout cela en a valu la peine. Savez-vous combien de vies effacées vous avez vécues en sept millions et demie d'années ? Cela en a valu la peine.

Je ne m'en vais pas. Ne donnez pas ce sens à ces dernières paroles. D'ailleurs, où irais-je ? Je ne vais pas, je Suis. Et je ne suis jamais parti, contrairement à ce que disent les rumeurs. Je suis toujours aussi coloré et vigoureux. Et je frise encore la limite de la grossièreté de cette époque, comme je l'ai toujours fait ! Mais je vous aime. Et je me réjouis avec vous chaque fois que vous accomplissez quelque chose. Remarquez, que lorsque vous devenez conscients de quelque chose, le vent se lève. Je désire qu'il en soit ainsi. Je veux que vous sachiez que vous êtes connus. Je veux que vous preniez conscience "qu'on" est conscient de vous et de votre vie précieuse. Bien que les récompenses qui accompagnent la réalisation du soi soient pures en elles-mêmes, sachez que vous avez un frère, une entité, une lumière, quelqu'un qui vous aime, qui sait que vous y êtes parvenus. J'ai l'intention de vous le faire savoir, parce que cela me procure une grande joie. Chacun de vous me procure une grande joie. Je suis extrêmement heureux de votre courage et de votre ténacité. Un jour viendra où tout cela prendra fin. Vous me porterez alors un toast dans la joie, voilà un toast dont je serai très honoré. Ainsi soit-il !

P.S.

Il me reste un P.S. à vous transmettre. Vous savez ce qu'est un « P.S. » ?... C'est un genre d'illumination après coup. La voici : soyez prudents devant les individus qui se prétendent voyants et prédisent l'avenir en se servant de mon enseignement. Je n'accuse pas ces individus, mais plutôt ce qu'ils font miroiter. Méfiez-vous des aubaines qui promettent un rendement élevé en quelques années. C'est défendable d'être en groupe propriétaires et de vivre une expérience de partage. Mais souvenez-vous, chaque membre du groupe doit apporter sa contribution, sinon la force de l'ensemble sera brisée.

Si vous craignez que des impôts excessifs ne viennent ronger votre avoir financier, n'allez pas jeter votre argent dans des affaires mirobolantes qui vous promettent une fortune rapide. Achetez plutôt une terre. Beaucoup de gens auront besoin de travailler sur une terre lors des jours à venir. De plus, cela peut s'ajouter à votre actif et vous aider à traverser cette période.

Achetez de petits commerces dans des petites villes. La croissance économique dans les grandes villes sera dangereuse. Les gens vont commencer à sortir des villes, au début du printemps prochain (se référer à novembre 1987). Ceux qui possèdent des terres réaliseront un profit raisonnable. Les propriétaires de petits commerces pourront les exploiter pendant quelques années encore, jusqu'à l'arrivée de la carte de débit. Mais ne confiez pas votre argent au promoteur d'une banque ou d'une institution similaire pour « gens du Nouvel Âge ». Car lorsque vous vous en remettez à la performance individuelle de quelqu'un d'autre, vous vous placez en position de victime : si son bateau ne rentre pas au port, le vôtre n'y rentrera pas par le fait même. Vous en seriez grandement affligés. Soyez avertis. Ne confiez à personne ce dont vous avez besoin pour vivre. Si vous ne pouvez vour permettre de le perdre, ne le donnez pas !

Plusieurs grands êtres sont des gens d'action qui méritent que l'on investisse sur eux. Néanmoins, c'est à leurs réalisations qu'on les juge. N'investissez pas votre argent dans l'espoir d'un retour énorme, parce que cela ne se produira pas. Les temps sont changeants. Ne cherchez pas à jeter le blâme sur quelqu'un d'autre. Il est plus noble de perdre, de savoir que l'on a choisi de perdre et d'accepter cette perte, que de cultiver le blâme. Car le blâme vous empoisonnera la vie. Il vous maintiendra dans un esprit de perdant et, quoi que vous y fassiez, vous n'y gagnerez rien. La réalité est ainsi.

Rien ne sert de blâmer les autres. Peu importe combien vous avez perdu. Que représente un mauvais contrat comparé à la vision de la lumière de l'éternité toute entière ? Rien du tout.

Et avec votre surplus monétaire, achetez de la terre et faites affaire dans de petites localités. C'est là un comportement sage et prudent.

Quant à ceux d'entre vous qui ont acheté des terres contiguës, vous avez fait une très bonne affaire. Très astucieux.

Plusieurs parmi vous sont habiles. talentueux et remplis de dextérité ? Vous devriez le faire savoir à votre entourage. Ainsi vous pourrez travailler les uns avec les autres dans le futur. Certains ont beaucoup à offrir, d'autres ont besoin d'apprendre. Faites connaître votre savoir-faire. Comment les appelez-vous déjà ? Les « Pages jaunes » ? (Type d'annuaire téléphonique commercial en usage en Amérique.) Appelez les vôtres les « Pages violettes ».

Dans le Nord-Ouest américain, on assistera à des mouvements sporadiques vers le jardinage. Le sol du grand

Nord-Ouest américain est béni et il l'est davantage chaque jour. Quant à ceux qui vivent ailleurs, si c'est l'endroit que vous avez choisi parce que vous le ressentez en votre cœur, bénissez cette terre également. Assurez-vous simplement de ne pas rester sur une faille sismique! Je me fais du souci pour ceux d'entre vous qui habitent en de tels endroits.

Dans certaines régions densément peuplées, une autre volée de messagers seront envoyés, très prochainement, car la pression ne s'est pas relâchée sur les plaques tectoniques.

Vous aimeriez peut-être savoir que certains de vos frères récemment décédés du SIDA, ont rejoint mon royaume. Contrairement aux croyances, ils sont retournés à la lumière.

Vous avez lu, vous avez compris et j'en suis très heureux. Je n'ai rien d'autre à vous dire sur la destinée de l'homme, de la nature, de la survie personnelle et de ce que l'on a appelé « le Changement, les jours à venir. » Mais vous avez beaucoup à faire. Ce que vous avez lu en ces pages se déroulera chaque jour, durant les douze prochaines années. Faites-en votre profit. C'est tout! Ce livre est terminé!

Qu'il en soit ainsi!

Que l'amour de Dieu vous accompagne!

Toast, prières et manifestations

Par le Seigneur Dieu de mon être,
Je me tourne vers la gloire de Dieu,
En ce jour.
Vois le besoin de mon âme
Manifesté
Et donne-moi le courage de l'accepter.
À la vie ! Éternelle et sans fin.
Qu'il en soit ainsi !

Par le Seigneur Dieu de mon être,
Désormais,
Dans le cours de ma vie,
Je me tournerai vers la gloire de Dieu
Je me tournerai vers ce en quoi j'aurai foi,
Ce en quoi je mettrai ma volonté,
Au nom du Dieu à l'intérieur de moi.

Cela se manifestera

Pour la gloire, la vie et l'éternité
De ce qui est en moi.

(Concentrez-vous maintenant sur l'objet de vos désirs et vous l'obtiendrez.)

Le mot de la fin

Je vous aime intensément. Je vous aime au plus haut point de ce que ces paroles et l'amour peuvent signifier pour vous, grands maîtres. Vous êtes l'espoir des temps nouveaux ! Dieu vous a sûrement béni du sommet de sa gloire. Ainsi soit-il.

Notes personnelles

Notes personnelles

Notes personnelles

Achevé d'imprimer
en août 1991
MARQUIS
Montmagny, QC

Imprimé sur papier alcalin